潍坊学院博士科研基金项目（项目编号：2017BS21）

经济新常态背景下潍坊市产融结合发展规划研究

王波 著

中国社会科学出版社

图书在版编目（CIP）数据

经济新常态背景下潍坊市产融结合发展规划研究/王波著．—北京：
中国社会科学出版社，2018.4
ISBN 978 - 7 - 5203 - 2393 - 2

Ⅰ.①经…　Ⅱ.①王…　Ⅲ.①区域经济—产业经济—关系—地方
金—研究—潍坊　Ⅳ.①F127.523②F832.752.3

中国版本图书馆 CIP 数据核字（2018）第 072680 号

出 版 人	赵剑英
责任编辑	刘晓红
责任校对	杨　林
责任印制	戴　宽

出　　版	中国社会科学出版社
社　　址	北京鼓楼西大街甲 158 号
邮　　编	100720
网　　址	http://www.csspw.cn
发 行 部	010 - 84083685
门 市 部	010 - 84029450
经　　销	新华书店及其他书店
印　　刷	北京明恒达印务有限公司
装　　订	廊坊市广阳区广增装订厂
版　　次	2018 年 4 月第 1 版
印　　次	2018 年 4 月第 1 次印刷
开　　本	710×1000　1/16
印　　张	13.5
插　　页	2
字　　数	200 千字
定　　价	58.00 元

凡购买中国社会科学出版社图书，如有质量问题请与本社营销中心联系调换
电话：010 - 84083683

序　言

产融结合是指在经济发展过程中，伴随着科技和社会生产力达到较高水平，产业实体和金融部门以利益共享和风险共担为前提，以信息、技术、资本和服务为纽带，通过业务合作、股权融合、银企绑定等融合模式创新，共同寻求资源与资本的增值，以最终实现产业实体与金融资源有效融合为目标的一种内在联合机制。它是市场经济发展到一定阶段的必然产物，是企业从外部融资向内生融资的转变，是新兴经济体促进产业要素集聚、产业转型升级和金融助力实体经济发展的重要方式。

改革开放 30 多年来，潍坊市取得了巨大的发展成就。然而，粗放单一的发展方式也积累了诸如经济结构不合理、区域发展不平衡、部分行业产能过剩、自主创新能力不足、环境资源承载压力逼近极限等一系列深层次问题和矛盾。当前，我国经济发展已全面进入增速放缓的新常态。从当前已经出现的变化和未来的发展趋势看，我国经济运行将表现出如下特征：增长速度由高速向中高速转换是经济新常态的基本规律，经济结构由失衡向优化再平衡转换是经济新常态的基本特征，经济增长动力由要素和投资驱动向创新驱动转换是经济新常态的基本内涵。

新常态背景下，潍坊市实业收入增长放缓，通过成本控制带来的红利到了尽头；产业实体在供应链、资金、渠道方面的传统优势逐步弱化；产业实体"存量资源"的再利用、再创利能力逐步减弱。加之，当前潍坊市经济结构转型压力较大，金融服务需求更加多元化，更加市场化的金融体系改革亟待加快。新常态背景下，随着我国经济下行压力不断加大，潍坊市投资及净出口增长放缓，消费和服务的内生性增长难以弥补不断加大的经济下行压力，企业发展出现增长动力空档期，各种经济发展难题接踵而至。

如何及时化解经济发展矛盾，实现经济结构转型升级是当前摆在潍坊市面前的一个重大课题。从国内外实践经验看，产融结合作为企业改革和经济发展的"催化剂"，是破解经济发展矛盾，促进经济提质增效，实现"降风险、调结构、促转型、提增速"等宏观目标，助推实体经济健康发展的有效手段和强劲动力。

本书在产业经济理论、产融结合理论、产业结构理论、金融发展理论、政府规制理论以及其他企业相关理论的基础上对产业金融、科技金融、绿色金融这三大金融创新理论进行了阐述。在理论研究的同时，也对我国当前的宏观大环境进行了深入分析，重点就我国经济体制改革、金融体系改革、供给侧结构性改革和"十三五"规划等最新进展情况进行了系统梳理，深入分析了经济体制改革、金融体系改革、供给侧结构性改革和"十三五"规划对潍坊市转型发展的具体影响。在此基础上，就产融结合的发展历程和主要模式进行了梳理，选取了国内外产融结合发展的典型国家、地区和代表企业作为研究样本，分别就其产业金融、科技金融、绿色金融的发展政策、经验及启示进行了研究、分析和总结。最后结合潍坊市的发展现状和其发展产融结合的内在需求，提出了潍坊市产融结合的发展战略。

目　录

第一章 绪论

第一节 研究背景和意义

一 研究背景

当前，国内外经济形势错综复杂。从国际上看，全球经济复苏动力不足，经济贸易增长乏力，世界各国为应对经济萧条所实施的短期经济刺激政策的效力正逐渐弱化。从国内来看，我国经济下行压力进一步加大，发展中各种深层次矛盾逐渐凸显，我国经济发展已全面进入增速放缓的新常态。

新常态背景下，我国经济运行将表现出如下特征：增长速度由高速向中高速转换是经济新常态的基本规律，经济结构由失衡向优化再平衡转换是经济新常态的基本特征，经济增长动力由要素和投资驱动向创新驱动转换是经济新常态的基本内涵。基于此背景，潍坊市实业收入增长放缓，通过成本控制带来的红利到了尽头；产业实体在供应链、资金、渠道方面的传统优势逐步弱化；产业实体"存量资源"的再利用、再创利能力逐步减弱。因此，随着产业生态圈围绕大型产业实体的紧密程度下降，以及金融企业的业务发展与实业支撑之间的关系越发疏远，存量资源如何再利用，并有效支撑产业生态圈发展成为亟待解决的核心问题，供应链的金融需求也需要寻求外部资源来解决。于是产融结合便是潍坊市促进产业发展和企业转型的题中应有之义。

"十三五"期间，潍坊市为了实现保持中高速增长迈向中高端水平的目标，必须把稳增长与调结构有机统一起来，坚持以提高发展质量和效益为中心，把转方式调结构作为"十三五"时期的重点任务，坚持以"转"促"进"，大力实施质量立市战略，努力走出一条高质量、高结构、高效益、经济持续稳定增长的新路子；同时要围绕2017年2月闭幕的潍坊市第十二次党代会提出的战略部署，着力打造产业强市、文化名市、活力城市、品质城市。而要完成"转方式调结构"的要务，实现潍坊"四个城市"的建设目标，产融结合是必由之路、重中之重。

二 研究意义

目前，国内外在产融结合方面的实践很多，关于产融结合对传统金融格局影响的讨论也较多，并存在多种观点。但在产融结合对实体经济的影响以及实体经济如何运用产业金融促进业务创新发展方面则少有深入细致的理论研究，关于区域经济发展中产融结合具体方式的研究也较少，缺乏较成熟的研究成果可供借鉴。本书以产融结合为主题、以产业金融、科技金融和绿色金融作为金融与实体的结合点，研究探索产融结合支撑区域经济金融发展之路是本书的理论意义所在。

从潍坊市发展现状来看，发展产融结合十分必要。产业资本端，至2016年年底，潍坊市工业企业资产负债率为56.7%，与全国持平，去杠杆压力不大；企业收入增长放缓，近几年来增幅均低于当年GDP增幅，仅靠成本控制难以为继；产业实体在供应链、资金、渠道等方面的传统优势逐步弱化，存量资源的扩大再生产能力也有所减弱。金融资本端，至2016年年底，潍坊市金融机构存贷款余额分别为7094亿元、4906亿元，可动用资金敞口较大；主板上市企业20家，"新三板"挂牌41家，齐鲁股权交易中心挂牌306家，共占企业总数的10%左右；财产险保费收入58亿多元，增长潜力可观。因此，产融两端都有需求和空间来下好产融结合这盘棋。

在十八届三中全会全面深化经济体制改革和完善金融市场体系的要求下，在"十三五"规划纲要促进经济发展模式转型的大背景下，基于山东省改革发展的现实要求和潍坊市转型发展的内在需求，在对潍坊市产业状况、金融体系和产融结合状况进行全面梳理的基础上，结合潍坊市 2020 年经济社会发展目标的建设需要，围绕统筹推进"五位一体"总体布局和协调推进"四个全面"战略布局，紧扣"创新、协调、绿色、开放、共享"五大发展理念，以产业要素集聚、融合、升级为基础，以产业发展和金融创新为双驱动，以产业金融、科技金融和绿色金融为三大支柱，构建潍坊市产融结合的新模式具有重大现实意义，或对潍坊市乃至国内其他地区的经济金融改革等都具有示范作用。

第二节　研究内容和研究方法

一　本书的主要内容

本书在相关理论研究的基础上对产业金融、科技金融、绿色金融这三大金融创新理论进行了阐述，并对我国当前的宏观大环境进行了深入分析，重点就我国经济体制改革、金融体系改革、供给侧结构性改革和"十三五"规划等最新进展情况进行了系统梳理，深入分析了经济体制改革、金融体系改革、供给侧结构性改革和"十三五"规划对潍坊市转型发展的具体影响。在此基础上，就产融结合的发展历程和主要模式进行了梳理，选取了国内外产融结合发展的典型国家、地区和代表企业作为研究样本，分别就其产业金融、科技金融、绿色金融的发展政策、经验及启示进行了研究、分析和总结。最后结合潍坊市的发展现状和其发展产融结合的内在需求，提出了潍坊市产融结合的发展战略。本书共由八章组成，具体内容如下所述。

第一章，介绍了本书的研究背景、研究意义，概括了本书的主要研究内容和研究方法，对国内外相关研究文献进行了综述。

第二章，进行基础理论分析和宏观环境分析。在产业经济理论、产融结合理论、产业结构理论、金融发展理论、政府规制理论以及其他企业相关理论的基础上对产业金融、科技金融、绿色金融的三大金融创新理论进行了阐述。理论研究的同时对我国当前的宏观大环境进行了深入分析，重点就我国经济体制改革、金融体系改革、供给侧结构性改革和"十三五"规划等最新进展情况进行了系统梳理，深入分析了经济体制改革、金融体系改革、供给侧结构性改革和"十三五"规划对潍坊市转型发展的具体影响。

第三章，阐述了产融结合的发展历程和主要模式。分别就西方国家和我国产融结合的发展历程和主要模式进行了梳理总结。

第四章，对产业金融的发展进行了深入研究。在对产业金融相关理论研究基础上，国外以美国、德国、韩国为例，国内以海尔、华润、招商局集团为例，分别就其产业金融发展的模式作了分析，对其发展的经验和启示进行了总结。

第五章，对科技金融的发展进行了深入研究。在对科技金融相关理论研究基础上，国外以美国、日本、印度为例，国内以中关村示范区、上海张江示范区、武汉东湖示范区、深圳南山示范区、天津滨海新区五大示范区作为研究对象，分别就它们的发展状况、科技金融的产业依托和政策体系等作了深入研究，对其发展的经验及启示进行了总结。

第六章，对绿色金融的发展进行了深入研究。在对绿色金融相关理论研究基础上，国外就欧美等发达经济体和巴西、孟加拉国等发展中国家的绿色金融的实践模式和经验进行了研究，对其绿色金融的发展带给我国的启示进行了总结；国内就我国绿色金融发展的现状进行了梳理，指出了我国绿色金融的发展虽有了长足进步，但就整体而言，我国绿色金融仍处于发展的初级阶段，存在政府引导机制不健全、市场运作体系不成熟、社会参与程度普遍不高等一系列问题。同时，对推动潍坊市绿色金融发展的必要性进行了深入分析和探讨。

第七章，在对国内外代表性国家、地区和企业在产业金融、科技金融、绿色金融的研究基础上，结合潍坊市的现状和发展产融结合的内在需求，提出了潍坊市产融结合的发展战略。

第八章，对本书的内容进行了概况和总结，阐明了本书的创新和不足之处，指出了该研究的未来研究方向。

二 本书的主要研究方法

本书综合运用政治经济学、金融学、管理学相关知识，在系统研究产融结合相关理论文献的基础上，归纳总结了国内外典型国家、地区和企业在产业金融、科技金融、绿色金融、产融结合方面的发展模式、经验及启示，通过对国内外代表性国家、地区和企业的典型案例进行深入分析，结合潍坊市的现状和发展产融结合的内在需求，提出了潍坊市产融结合的发展战略。其中用到的主要研究方法概括如下。

（1）文献研究法。根据拟定的研究目标，通过各种渠道（包括中国知识资源总库、中经网、中宏网、谷歌学术、韩国国会图书馆等各数据库）检索文献，在大量研读中外文献的基础上，全面掌握产融结合领域的国内外学术动态，厘清现有文献的研究脉络。

（2）理论归纳法。通过对相关文献进行梳理研究，对文献中涉及产业金融、科技金融、绿色金融、产融结合的相关理论进行归纳总结，为本书的开展提供坚实的理论基础和理论支撑。

（3）案例研究法。本书选取产业金融、科技金融和绿色金融作为产业与金融的结合点，通过对涉及产业金融、科技金融和绿色金融的典型国家、地区和企业进行案例分析，为潍坊市产融结合发展战略的提出提供了经验借鉴。

第三节　相关文献综述

一　国外文献综述

国外有关产融结合的理论研究，最早始于 20 世纪初期，当时西方资本主义世界经历了一个多世纪的发展，进入了垄断工业化发展阶段。马克思在《资本论》中阐释了"资本主义的自由竞争必然会由于专业化分工和资本的逐步积累和集中，而最终到达垄断化竞争的发展阶段"的基本观点。资本积累理论已经科学预见到垄断的金融资本产生的必然性。马克思在《资本论》中有关资本主义自由竞争和垄断、资本积累和资本集中、信用、股份公司以及银行的作用等学说，奠定了早期研究金融资本问题理论的基石。

在"资本积累"理论基础上，法国的拉法格（Lafargue，1903）

在 1903 年完成的《美国托斯拉及其经济、社会和政治意义》一文中率先使用了"金融资本"的概念，并用它来表示资本主义生产规模扩张的过程之中，"工业资本"与"银行资本"的相互融合。他指出随着工业资本的扩张，产业部门的资本日趋集中，进而推动银行资本的集中。两类资本相互渗透最终形成一种特殊的资本，即金融资本，初步显示了工业资本与银行资本日益融合的趋势。同时，拉法格认为资本的高度集中导致了托拉斯组织的形成，而托拉斯组织则通过银行体系来整合工业部门，并且能够实现超越常规的增长。①

之后，奥地利经济学家希法亭（Hilferding，1910）则基于前人的研究，首次比较系统地对"金融资本"的形成与影响，进行了卓有成效的研究。他在 1910 年出版的《金融资本——资本主义最新发展的研究》一书中，首次明确了"金融资本"这一理论范畴，认为资本的积聚和集中将使大银行统治工商业，这些大银行就成了"金融资本"。他把银行资本，即实际上转化为产业资本的货币形式的资本称为金融资本，并把信用和股份公司看作促进金融资本产生的有力杠杆。在股份公司"巨额创业利润的诱惑"下，银行资本与产业资本进一步联合和形成垄断。希法亭的基本观点是"银行信用在很大程度上充当了工业垄断资本形成推动者的角色，而工业垄断资本的发展，又反过来推动了银行垄断资本的发展与壮大"。②

此外，列宁在批判地继承前人研究成果的基础上，进一步系统化发展了金融资本理论。列宁意识到争夺市场之战会演变成发达资本主义国家争夺领土的斗争。他把金融资本界定为既是与工业家垄断同盟的资本融合起来的少数垄断性的银行资本，同时也是和银行资本融合起来的垄断工业资本。在《帝国主义是资本主义的最高阶段》一书中，列宁精辟地指出"生产的集中，由于集中成长起来的垄断；银行和工业的融合或混合生长就是金融资本产生的历史和这一概念的内

① ［法］拉法格：《拉法格文选》，人民出版社 1985 年版，第 272 页。
② ［奥］鲁道夫·希法亭：《金融资本——资本主义最新发展的研究》，商务印书馆 1994 年版，第 250 页。

容"。列宁的金融资本理论成为产融结合的重要理论基础之一。他明确地指出，无论是企业还是银行都存在向垄断演进的必然趋势。同时列宁的金融资本理论实质上也揭示了银行和企业交易方式的历史变迁，即由传统的外部债权交易向内部股权交易的转变。

由此可见，国外早期有关产融结合的研究，主要是研究资本主义世界经济的增长，并基于资本主义世界经济发展的实际情况，以工业资本的积累与扩张、银行等金融机构的发展以及银企之间交易方式的变迁等为基本条件。

第二次世界大战后，随着西方资本主义经济的快速发展，有关产业资本与金融资本融合并促进经济增长与发展的问题，引起了更多专家学者的关注，而相关的研究也逐步走向了深化。由于早期刚刚经历过资本主义世界的经济危机，西方各国开始意识到金融风险及其广泛传递的危害性，政府和学术界也都开始更为关注产业界与金融界的资本结合问题，并纷纷研究制定相关限制措施。就产融结合而言，西方学者依据当时德国和日本等国家的实践，主要针对产融结合的模式及其经济效应进行了广泛的分析与研究。例如，青木昌彦和帕特里克（1998）对日本的"主银行体制"进行了研究，认为日本存在"银行接管市场机制"，由于日本银行针对企业所提供的各种金融援助和服务等的存在，事实上已经形成了有别于美国等其他发达国家的产融结合模式。① 在这之前，Goldsmith（1969）、Mckinnon（1973）、Stiglitz（1981）和 Herman（1981）等的研究，都对有关金融机构发展、金融政策和经济效应等进行了分析和探讨。其中，Mckinnon 所提出的"金融深化理论"，以及 Goldsmith 所做的有关金融发展与经济增长的实证研究的结果，即对当时 16 个国家在 1860—1960 年这一时期"金融相关率"的分析，是这一时期最具代表性和影响极为深远的著名研究成果。

国内外近年来有关产融结合的理论研究，逐渐从宏观的经济效应

---

① 青木昌彦、帕特里克：《日本主银行体制及其发展中国家经济转轨中的相关性研究》，中国金融出版社 1998 年版，第 504 页。

视角回归到了企业发展战略这一微观视角，这显然与市场本身的发展和政策环境的改变等有着很大的关系。从西方发达国家的普遍情况来看，尽管很多大型企业集团都采用了产融结合的发展战略，但对于产融结合的发展模式和具体路径，学术界并没有统一的观点和认识。总的来说，面对日渐成为主流的产融结合发展，对于在实施产融结合的经济组织内部，通过设置"隔离带"等方式来隔断可能的风险传递（如 Howell Jackson and Hal Scott，2002），逐渐有了较为统一和全面的认识。例如，Greenwood（2004）①研究认为，产业集团通过涉足保险等金融业务领域，其所预期的多元化分散经营策略的效果并未获得成功，因为所涉足的保险金融业务可能与主业关联性较小，没有能够产生协同经营效应；La Porta 等（2003）则做了一个跨时期的有关企业集团涉足银行业的研究，相关结果认为部分企业所采取的产融结合发展可能产生了消极影响；②类似地，Girardone（2004）和 Stiroh 等（2006）的相关研究，也都得出了产融结合存在运作方面低效率等负面结论。另外，Pantzal 等（2008）、Ongena 等（2009）③ 和 Hu 等（2009）④等的研究，则又倾向于认为部分欧洲地区和亚太地区的企业所采取的产融结合发展模式，实际上起到了规模经济效应和获取高额回报的积极效果。

总之，产融结合能否取得预期的规模效应与经济效率，由于受到特定国家或地区经济发展水平、市场、制度及文化等各个方面的影响，所以无法得出统一结论是正常的。与此同时，发达国家产融结合的发展历程，以及所采取的监管与规制等，对于中国产融结合发展模

---

① Greenwood，R.，"The Effect of Within – industry Diversification on Firm Performance：Synergy Creation，Multi – market Contact and Market Structure"，*Strategic Management Journal*，2004（25），pp. 1132 – 1153.

② La Porta Rafael etc.，"Relate Lending"，*Quarterly Journal of Economics*，2003（118），pp. 231 – 267.

③ Ongena，S.，"Bondholders' Wealth Effects in Domestic and Cross – border Bank Mergers"，*Journal of Financial Stability*，2009（5），pp. 257 – 270.

④ Hu Wenchuan etc.，"Rating the Relative Efficiency of Financial Holding Companies in an Emerging Economy：A Multiple DEA Approach"，*Expert Systems with Applications*，2009（3），pp. 5592 – 5598.

式和路径的选择，都有着极为重要的借鉴意义和参考价值。

二　国内文献综述

国内对于产融结合的研究起步较晚，直到 20 世纪 80 年代末期，国内部分企业集团开始产融结合的探索和尝试后，国内学术界才正式着手展开相关研究。

国内较早对产融结合进行专门研究的应是中国人民大学的经济学家吴大琨教授，其于 1993 年出版的《金融资本论》，对当时美国和德国等西方发达国家的产融结合研究成果进行了梳理和分析。同时，吴大琨（1993）还提出，金融资本的内涵已经在不断拓展，除了早期研究的产业资本和银行资本，还应当包括投资银行和证券公司等非银行类金融机构所掌控的资本。① 同一时期，曹凤岐（1989）、杜益民（1992）、张国庆（1993）、叶耀明（1993）、查世双（1994）和张奇英（1995）等一系列研究，都纷纷对产融结合的概念、模式特征和发展趋势等作了分析和总结。总的来说，国内较早的产融结合研究主要还是从概念界定入手，并且就西方发达国家的相关经验进行分析和介绍，同时也直接或者间接性地指出国内企业集团采取产融结合发展模式的必要性和可行性。

2000 年之后，中国加入世界贸易组织对国内的产业发展带来了巨大的冲击和影响，而反映在产融结合领域则是加速了金融市场的开放和整个资本市场的发展。曾担任中国人民银行金融研究所所长的谢杭生教授，在这一时期专门就国外产融结合的发展演变，以及国内实施产融结合发展战略的必要性和现实意义做了较为系统的研究。谢杭生（2000）基于国外产融结合发展演变的原因分析，以及国内企业集团涉足银行业务的实际情况，对"由产到融"的发展路径进行了系统的阐释和分析；② 郑文平和苟文均（2000）的研究则指出，市场机制的健全和资本市场的高效率才是产融结合的充分条件，并认为国内的产融结合发展需要市场的统一及资本市场的完善；傅艳（2003）的研究

---

① 吴大琨：《金融资本论》，人民出版社 1993 年版，第 10—18 页。
② 谢杭生：《产融结合研究》，中国金融出版社 2000 年版，第 21 页。

则主要针对的是产融结合的"有效性",认为国内产业资本和金融资本的融合需要关注宏观调控政策方面的影响因素,如证券市场的发展和监管机制的完善程度等;黄强(2004)就产融结合与经济增长之间的关系进行了研究,认为产融结合发展对宏观经济增长有着重要的影响。与此同时,王晓天(2001)、郭彦(2002)、赵文广(2004)、万良勇等(2005)、王东升(2007)、王爽(2008)等研究,都就当时国内产融结合发展存在的诸多问题,以及未来的发展方向等作了深入的分析和探讨。

国内产融结合的发展经历了一个较为曲折的过程。在2004年的"新疆德隆事件"之后,国内学术界开始注重对产融结合的有效性及风险治理等方面进行深入研究。其中,大量相关研究都是先以概括和总结国内产融结合的模式及发展现状为基础的,然后再对产融结合发展面临的问题和风险等进行系统的分析和研究。例如,古晓慧(2007)研究认为,现阶段国内产融结合的主要模式有三种,分别是产业与商业银行模式、产业与保险公司模式和产业与财务公司模式;万亿等(2008)的研究则指出,国内大型企业集团的资本流动速度慢和回报水平低是比较常见的突出问题,因此采取实体产业与金融企业的参控股模式,能够起到经济共同体的协同效果;常勇(2007)和蔺元(2010)等研究则基于对上市公司产融结合效果的实证检验,认为国内上市企业的产融结合程度依然较低,当前主要还是立足于获取投资回报,因此对整个企业的竞争力培养和经济绩效提升并没有发挥太大的积极作用;吴越(2010)的研究认为,根据西方发达国家产融结合的发展实践,在政府主导、银行主导和市场主导三种模式中,市场主导是最适合国内情况的发展模式;李钢(2010)则主要针对国内大型企业集团以融资和资本溢出作为两种主要类型控股金融机构的情况进行了分析和研究。

从近几年的相关研究成果来看,除了总结发达国家的相关经验、梳理国内产融结合的发展历程与现状,以及针对产融结合引发的风险治理与监管等问题的持续研究外,分行业和领域开展产融结合研究已经成为一个明显的变化趋势。例如,尹国平(2011)和白馨妍

（2010）专门针对石油行业的产融结合研究；杜国功（2012）针对中央企业的产融结合和金融资本监管的研究；帅长斌（2012）针对铁路投资集团产融结合的研究；张梅和高蕾（2013）针对大型建筑施工企业采取产融结合发展模式的研究；以及大连银行课题组（2014）针对城市商业银行产融结合模式的研究等。此外，杨红和杨柏（2011）、夏梁省（2013）、陈送宝（2013）、王震（2013）、刘倩楠（2014）、刘超（2014）、谭小芳和范静（2014）、张同功等（2014）、高琳琳（2014）、王志明（2014），以及马永斌（2017）等研究，也都分别就不同地区、不同行业和不同企业展开了产融结合战略和风险防范等方面的研究。

综上所述，国内产融结合的研究经历了一个"分散—集中—分散"的过程，前一个"分散"主要是指起步阶段的零散研究，而"集中"则是国内学术界对产融结合这一研究课题的认同和重视，并开始集中做出系统化的研究，后一个"分散"则是指如今由宏观层面的研究转入到了中观和微观层次的研究，例如不同的行业、企业和地区。

目前，国内外在产融结合方面的实践很多，关于产融结合对传统金融格局影响的讨论也较多，并存在多种观点。但在产融结合对实体经济的影响以及实体经济如何运用产融结合促进业务创新发展方面则缺乏深入细致的研究，缺少比较成熟、可供借鉴的研究成果。因此，基于经济增速放缓、经济机构转型升级的新常态背景下所展开的产融结合研究，不仅顺应当前的总体发展趋势，而且也能够丰富该领域的研究成果，其中本书以产业金融、科技金融和绿色金融作为金融与实体的结合点，对于研究是一个重要创新点。同时，产融结合作为国内外金融体系的一个重要内容，也是当前金融研究领域的重点。但是，当前对于产融结合具体方式的研究较少，以产融结合为主题、以产融结合具体方式为支撑的区域经济产融结合发展规划也不多。如何以潍坊市的现实为基础、以产业发展为出发点、以产融结合为切入点，构建潍坊市产融结合新模式，不管对于潍坊市，还是对我国经济金融改革等都具有示范作用。

第二章 基础理论与宏观环境分析

第一节 基础理论分析

一 产业经济理论

产业经济学形成于 20 世纪中叶，其发展始终与产业的转型发展实践活动有着密切联系。从产业组织理论的形成到产业结构理论、产业布局理论、产业政策理论的产生，产业经济学理论的发展历程是历史与逻辑、理论与实践的统一。

产业组织问题是西方产业经济理论中的基本问题。1890 年，英国经济学家马歇尔在《经济学原理》中，将工业组织加入到生产三要素（劳动、资本、土地）中，首次提出了产业组织的概念并揭示了规模经济与竞争活力之间的内在矛盾，这一矛盾被后人称为"马歇尔冲突"。现代产业组织理论正是在解决这个矛盾的基础上产生和发展起来的，目前我国关于供给侧结构性改革也能看到马歇尔冲突中的改革消化的情景。以梅森和贝恩为代表的哈佛大学的一批经济学家，运用实证分析方法，研究了美国几十年来产业组织政策的实践情况，形成了产业组织理论的完整体系。20 世纪 70 年代产生的以施蒂格勒、德姆塞茨等为代表的芝加哥学派，认为企业可以自己解决市场进入或退出壁垒，无须政府政策干预；但德姆塞茨认为市场结构、市场行为和市场绩效之间不是一种简单的单向因果关系，它们之间应该是双向的、相互影响的多重关系，奠定了产业要素集聚和融合的理论基础。他们都提倡彻底的经济自由主义思想、主张实行宽松的反垄断政策和政府规制政策，反对政府对市场的干预，也为产业发展与政府政策的融合提供了理论支撑。

产业结构理论主要研究产业之间的相互关系及其演化规律，工业部门和金融部门的关系成为一个较为崭新的研究课题。其研究大体按照两个维度进行：广义的产业概念研究的主要是三次产业间的关系；狭义的产业概念研究的主要是工业内部各产业间的关系以及工业与金融业等的关系。与产业结构理论相联系的还有产业关联理论，它从技术经济的角度描述了产业之间的关联及关联方式。美国经济学家列昂惕夫创造的投入产出法，即利用投入与产出之间的关系来分析研究产业之间的关系，对产业关联理论作出了重要贡献。这个理论也为实体经济与金融经济之间的内在关联分析提供了崭新的视角，投入产出的分析使资本要素的重要性得到明显的重视。

产业政策理论是产业经济理论中的一个重要组成部分。传统的产业政策主要基于市场失灵理论和赶超理论。市场失灵理论认为，由于市场机制存在不完善，如垄断、外部性、信息不对称等，不能实现资源的有效配置，因而需要政府对产业政策进行干预。赶超理论认为，后发国家在劳动力成本、技术引进、规模经济等方面存在"后发优势"，主张后发国家通过产业政策加快产业结构转换，以实现快速追赶的目标。20世纪末以来，随着人们对市场失灵认识的逐步深化，产业政策理论得到了拓展。罗德里克和豪斯曼等从市场存在"信息外部性"和"协调外部性"两方面阐述了产业政策理论。他们认为，一国生产结构由单一到多样化的转变需要创新活动。创新具有巨大的社会价值，但是创新者要承担全部的失败成本，以及创新成功会存在"搭便车"的可能性，结果使创新的社会收益大于创新者的个人收益，这样会产生"信息外部性"并抑制创新活动。此外，市场还存在协调外部性，在规模经济条件下越发显现。例如，许多项目需要同时进行大规模的投资才能盈利，并且相关的上下游投资需要同时进行，配套设施的完善会产生高额的固定成本，单个企业没有能力完成，市场自身的力量也不足以协调不同投资者的行为，需要政府通过产业政策对建立新产业及相关创新活动进行必要的支持，比如融资的支持和信用的担保等。与此同时，协调外部性也可以通过产业链金融来整合产业链上下游企业的需求，为企业的经营活动提供必要的流动性及金融服务支持。

二 产融结合理论

产融结合是指在社会经济运行中，产业部门和金融部门之间以资本、信息、技术和服务等为纽带，以利益共享和风险共担为目标的内在联合机制。它是市场经济发展到一定阶段的必然产物。产融结合在某种程度上决定了一个企业、一个产业、一个地区甚至一国的经济发展。产融结合的过程可视为一个国家或地区经济发展和结构转型过程的缩影。

发达国家的产融结合在不断地进行和深化。20 世纪 80—90 年代，日本出现了大型企业集团融合金融资本发展的模式，形成了诸如三菱银行、瑞穗银行等产业资本和金融资本的融合体。20 世纪 90 年代以后，经济全球化加速，金融发展迅速，直接融资市场渐趋成熟，全球经济进入寡头经济模式，制造业不断积累，过剩资金要求寻找出路，在欧美发达国家的大型企业集团内部出现了司库或财务公司。

综合产融结合发展的过程可以发现，产融结合有利于节约交易费用，减少"沉没成本"，改善信息不对称现象，实现产业与金融在经济系统内部一体化的分布。具体表现在：第一，产融结合具有协同效应。企业进行产融结合后，两者间具有相互交叉、渗透、协同的作用。第二，降低市场交易成本。金融服务由企业内部的金融机构或者与企业关联度较高的金融机构来提供，使与这些服务有关的交易费用内部化，提高了企业资金的投资利用率，同时，可以避免因外部银行存贷差支出的损失，有效降低了向金融市场转移的交易成本，为企业实现了可用资金和资本的双向增值。第三，减少了对金融市场的依赖，降低了产融双重风险的发生。企业实现产融结合，使资本市场内部化，金融资本就能够稳定地向产业实体提供资金资源，减少其对金融市场的依赖，可以有效降低"道德风险"和经营风险。第四，可以提高公司的治理效果。产融结合能够使相互监督的双方建立起一套科学、透明、适用的治理机制，在新的治理架构下，公司的交易更加透明化。

三 产业结构理论

"产业"通常被看作是集合性的概念，即生产和提供同类产品或服务的经营者的集合，而如果从竞争性市场关系的角度出发，也可以称这些经营者组成了一类"行业"。事实上，"产业"在不同语境和学科领域中有着极为不同的内涵与外延，因此"产业结构"的概念界定也就容易具有一定的模糊性。一般来说，"产业结构"指的就是一个国家或地区的经济系统中各个产业的构成与比例关系。在传统的经济学理论中，产业更多的是指国民经济系统中的物质生产部门，例如农业、工业和交通运输等。然而，根据"二战"以来国际上通行的"三次产业"的划分，农林牧渔等行业被归为"第一产业"，工业和建筑业等被划归为"第二产业"，而交通运输和商业服务业等则被归为"第三产业"。按照目前我国的《国民经济行业分类》（GB/T4754—2011）标准，"第一产业"主要就是农林牧渔业；"第二产业"主要包括建筑业、采矿业、制造业，以及电力、热力、燃气和水的生产与供应；"第三产业"则指的是服务业，具体包括批发零售、交通运输、仓储邮电、住宿餐饮、信息传输、金融地产，以及科技服务和公共设施管理等行业。[①]

对照国际国内有关产业划分的标准，"第三产业"或服务业是变动相对比较频繁的。也就是说，这类产业会随着一个国家或地区的社会经济发展而产生界定标准方面的变化。我国也是自 2011 年之后，才明确"第三产业"即为服务业的。同时，通常我们所称的产业结构，主要指的就是三次产业的构成与比例关系。

一个国家或地区的产业结构并非是一成不变的，就一般的规律而言，当处于不发达状态时，第一产业往往占据着绝大部分的比重，而随着该国家或地区社会经济发展水平的不断进步与提升，产业结构就会逐步实现优化，通常表现为第二、三产业的产值与就业比重都得到了较大幅度的提升。在这个过程中，一个国家或地区为了更好地利用

---

① 国家统计局设管司：《三次产业划分规定》，国家统计局网站，2013 年 1 月 14 日。

自身的资源和优势，就会制定并推行促进产业结构的持续优化的政策和措施，而这类由政府及其公共职能部门旨在改变和完善产业结构的各种政策与措施，就是通常所谓的"产业结构调整"。事实上，"经济发展可以被看作是持续的经济增长，所必需的经济结构的一系列相互关联的变化"，"这些结构方面的变化就表明了传统的经济体系向现代经济体系的转变"。①

"产业结构的优化"正是产业结构调整的目的和结果，通常包括产业结构的"合理化"和"高级化"两个方面。产业结构的"合理化"主要是从国民经济系统的整体出发，以产业之间的关联程度和协调水平为判断标准，目的在于通过产业与产业之间的协调，达到供给与需求结构的相互适应，以及资源的合理配置和高效利用等效果。在古典的经济学理论体系之中，产业结构的合理化主要就是各个产业之间的按比例协调发展，例如马克思所主张的"两大部类理论"，以及里昂惕夫的"投入产出理论"等，实际上都是以这种思想为基础的。② 产业结构的"高级化"往往是更引人关注的方面，一般是指一个国家或地区的产业结构，依次由第一产业、第二产业和第三产业占据主导地位的状态演进过程。然而，产业结构的"高级化"不仅是一个动态的演进过程，同时也主要是依据特定国家和地区而言的，因为它需要考虑该国家或地区自身的资源禀赋和发展战略等因素。正如钱纳里所总结的"初级产品型经济""小国工业型经济"和"大国经济"等类型，其不仅根源于国家的大小和资源，政府的政策同样也能够对国家的发展战略和具体模式做出较大幅度的"修改"。③

根据现阶段我国的基本国情和所处的发展阶段，产业结构的调整与优化更多的是指产业结构的高级化，尤其是强调产业的"高附加值

① ［美］霍利斯·钱纳里：《结构变化与发展政策》，朱东海译，经济科学出版社1991年版，第1页。

② 原毅军等：《产业结构的变动与优化：理论解释和定量分析》，大连理工大学出版社2008年版，第3页。

③ ［美］霍利斯·钱纳里：《结构变化与发展政策》，朱东海译，经济科学出版社1991年版，第27页。

化"和"高技术化"。这首先是因为我国自新中国成立以来采取过
"重工业化优先"的发展战略,并很快建成了门类比较齐全的工业体
系,而经过改革开放和长期的积累与发展过程,我国的经济社会发展
水平也得到了快速的提升。当今,随着"战略性新兴产业"的不断发
展,强调创新能力培养和高度信息化的趋势已经非常明显,所以产业
结构的合理化固然是发展基础,而产业规模的扩张和结构的高级化则
成为最终目的。

四　金融发展理论

长期以来,金融发展基于与经济增长之间的关系被受到广泛关
注。尽管在特定的时期和特定的区域,受各种环境与条件的影响,金
融发展对经济增长实际产生的影响并不完全能够被确定,但是金融发
展作为经济增长的核心内容,其在国民经济与社会发展过程中的重要
性一直是世所公认的。早在 20 世纪 30 年代,熊彼特(Schumpeter,
1939)就认识到,银行家与企业家是经济增长的两个非常关键的要
素,因为带来经济快速增长的技术创新往往就是由两者来完成的。不
过,总体而言,在第二次世界大战之前,金融发展对于经济增长所能
够发挥巨大的作用,并没有引起广泛的关注和真正深入的研究。

结合第二次世界大战后西方国家经济增长的"黄金时期",从考
虑如何促进国民储蓄向投资的有效转化开始,有关金融发展的理论才
开始逐步形成并发展起来。例如,Gurley 和 Shaw(1955)就曾指出,
金融中介由于能够有效动员国民储蓄及提供信贷资金,所以其在经济
增长过程中的重要作用,应当为所有人重视;Gerschenkron(1962)
则通过对德国和俄国的研究发现,一个国家或地区由相对落后的经济
发展状态,开始追赶先进国家或地区的时候,银行机构实际上发挥出
了巨大的作用。[1] 此后,有关金融体系发展对经济增长的作用,一直
都存在着各种不同的观点,而从不同视角出发所得到的观点都具有一
定的合理性。例如,麦金农(McKinnon)和肖(Shaw)提出了"金

---

[1] 范学俊:《金融发展与经济增长:1978—2005 中国的实证检验》,上海世纪出版集
团 2008 年版,第 21 页。

融自由化"与"金融抑制",前者认为实施让利率回归市场均衡水平的政策才是可取的,因为这样才能够扩大投资资金的来源和规模,后者则是他们所批判的主要对象,即对利率水平进行限定、较高水平的存款准备金,以及加速的通货膨胀等抑制政策,这些显然不会有利于长期的经济增长,为此,政府不应当过多地干预金融资源的分配。

另一方面,从金融体系自身的发展情况来看,政府与学术界同时也都在关注"银行主导型金融体系"与"市场主导型金融体系"之间的优劣与选择的问题。"银行主导型"主要强调金融机构所能够发挥出的巨大作用,这是因为银行对于企业的经营状况等信息掌握得更为全面和透彻,所以能够有效地提高资金使用效率(Diamond,1984)。与此同时,银行机构在跨时期和跨部门的风险管理方面,有着明显的比较优势,而且银行还具备较强的资金动员能力,从而更容易实现规模经济效益。"银行主导型"论调对于这种金融体系存在的缺失,主要聚焦于"信息披露"和"搭便车"的问题,即投资者没有动力去获取信息,或者通过"搭便车"的行为而导致了"外部效应"。对应的,"市场主导型"金融体系则看重市场所能够发挥的作用,例如完善的股票市场不仅主动显示了信息,而且由于将所有者与经营者的利益进行了"捆绑",所以起到了提高公司治理水平的积极效果。此外,也有一些学者从金融体系的功能角度发展了相关的理论。例如,默顿和博迪(Merton & Bodie,1995)等提出,无论是金融中介机构还是股票市场,都是金融体系的重要组成部分,为经济活动提供金融服务是它们的最基本功能。在此基础之上,又有学者进一步将金融体系的建立与发展,视为是一系列的契约或制度的形成过程,由此就产生了"法律主导论"。也就是说,作为一系列的制度安排,金融体系在经济发展过程中所发挥的作用,并不会因为银行或市场的主导,而存在任何实质上的差异性。

随着对金融发展之于经济增长作用的不断深入研究,在依据基本理论进行思考和推断的同时,结合实际的金融发展与经济运行状况来进行实证检验自然是相辅相成的。这方面的开创者是戈德史密斯(Goldsmith,1969),他通过对30多个国家的研究发现,金融发展与经济增长之间存在密切的关联性，尽管并没有办法证实两者何为因果。但更为重要的是，戈德史密斯对于金融发展指标，以及金融现象进行了界定与分析。例如，戈德史密斯研究提出的有关金融现象的本质包括金融工具、金融机构和金融结构，以及针对金融结构和金融发展提出的金融相关比率（Financial Interrelations Ratio，FIR）等一系列指标，至今仍然被认为是这方面的开创性研究。现在，"金融相关比率"已经被看作是衡量一个国家或地区金融发展水平的重要指标。按照戈德史密斯的金融发展理论，金融体系的存在与发展，实质上会通过重新安排储蓄和投资的方式，对经济增长产生十分重要的影响。

五 政府规制理论

"政府规制"主要指的是政府以强制、控制或干预等方式，对企业或个人等主体实施的管理行为，经济性的规制往往直接指向产品的生产、价格制定与销售等活动，而规制的目则主要被认为是维护公共利益。[①] 事实上，基于"公共利益假设"的规制学说，正是政府规制理论发展的逻辑起点。早在马歇尔的《经济学原理》之中，就已经提出了政府通过强制性的干预方式，来解决垄断与外部性而导致的市场失灵的必要性与重要性。[②] 因此，在公共利益假设下形成和发展起来的政府规制学说，显然不仅将政府视为公共利益的唯一代表，同时也赋予了政府这一主体"完全的理性"。也就是说，政府不仅能够自觉地担当公共利益代表的角色，同时也具备通过强制干预的方式，来解决经济运行过程中的垄断与外部性等常见的市场失灵问题。因此，这一方面学说的发展明显要受到此类假设的制约，而后来斯蒂格勒等的一系列研究（Stigler，1971），也明确地指出基于公共利益假设的政府规制理论并不能够解释实际的价格控制等行为。很显然，对潜在的长期社会福利的追求，以及最优决策的制定，往往都只能停留在比较理想的状态下，而"有限理性"和"次优状态"才是现实的真正

---

① 王爱君、孟潘：《国外政府规制理论研究的演进脉络及其启示》，《山东工商学院学报》2014 年第 2 期。

② 《新帕尔格雷夫经济学大辞典》（第 4 卷）（中译本），经济科学出版社 1996 年版，第 137 页。

写照。

　　基于"经济人"假设所提出的政府规制理论，是在以斯蒂格勒为代表的一系列研究之后发展起来的。这种学说提出，政府并不具备完全的理性，在很多特定的场合也不应当被单纯地看作是公共利益的唯一代表，而应当被视为与其他经济主体一样，是追求自身所代表的利益集团利益最大化的"经济人"。根据这样的假设，我们就不难理解政府为什么会在一些场合实施"创租"或"设租"的行为，而克鲁格的"寻租理论"也在很大程度上使这方面的学说更为丰满。然而，按照这样的假设，实际上并不是没有任何问题的，因为将政府由"道德人"推向"经济人"，事实上在很多时候是从一个极端走向了另一个极端。如果按照斯蒂格勒在其《经济规制论》中所提出的，企业所属的利益集团通常会根据自身的需要来寻求相应的政府规制，最终是经济活动与经济发展过程完全由集团或部门的利益主导，因此这方面的学说又被称为"部门利益理论"。

　　随着政府规制学说的不断发展，针对"公共利益"与"部门利益"的假设，20 世纪 80 年代又出现了对"放松规制"和"激励规制"的分析与探讨。"放松规制"理论的基本逻辑是指由于巨大的市场竞争压力的实际存在，即使政府没有采取规制措施，垄断企业也不可能长期维持超额的垄断利润，因为竞争者的不断加入，会逐步使垄断局面被打破（鲍莫尔等，1982）。所以，如果从市场竞争的角度来加以考虑，与其强调政府的强制干预和介入，不如设法加强市场竞争机制的建设与完善，例如消除市场上的进入壁垒，以及积极研究开发新的技术和工艺等。与此同时，也有学者从政府规制影响下的企业投资行为角度进行了实证研究，结果发现政府规制实际上导致了投资与生产的低效率。其实，这正如强调政府也存在失灵现象一样，包括"政策时滞"等在内的一系列因素，都有可能导致政府干预本身及结果的低效率。"激励性规制"理论，事实上更加注重的是规制本身的失灵问题，这其中的基本逻辑与"有限理性"是一脉相承的。这方面的学说重点并非在具体的规制措施方面，而是考虑如何设计更为有效的激励机制。例如，在"委托—代理"的模式之下，信息不对称的客观存在不仅导致规制的失灵，同时也让规制行为本身付出更多的经济成本。为此，如何解决信息不对称，以及设计出可以减少利益集团影响的激励机制，就成为这方面学说重点的研究内容。

总之，前述不同类别的政府规制理论，都可以给中国的政府规制提供很好的参考。目前中国的经济规制，不仅表现在垄断领域，竞争性领域之中同样也需要解决有效规制的问题。[①] 就本书所研究的产融结合来看，这种特征表现得尤其明显，所以不仅需要考虑具体的规制措施，同时对于政府在产融结合及其发展的过程中，究竟应当居于什么样的地位以及承担什么样的功能等，都应予以充分而又深入的思考与研究。[②]

六　企业相关理论

（一）企业内部化理论

科斯于 1937 年提出了企业内部资源的交换配置机制，其类似于市场的资源配置机制，因为存在决策人员的一些非理性因素及投机因素，外加经营及市场行情的波动性，会产生交易费用且数额较大。为了减少交易费用，类似于市场资源配置的机制在企业内部得以产生。因为在企业内部发生，使外部交易可以按照内部的一些设定得以简化，运转更为高效，有效地减少了交易费用。在该理论下，企业发展到一定规模时，会以各种方式向金融领域渗透，其首先考虑的就是有效减少交易费用，从而减少与外部金融机构发生业务时所付出的成本。

（二）协同效应理论

美国著名管理学家安索夫提出了"协同"概念，并将其作为公司战略的一项重要因素。他所提出的"协同"指的是公司将自己旗下各种不同的业务相互联系起来，充分利用公司的各种资源去创造企业新的利润来源。在大型集团中，以一定的机制促使各个子公司、分公司

---

① 王健、王红梅：《中国特色政府规制理论新探》，《中国行政管理》2009 年第 3 期。
② 王克馨：《中国产融结合发展模式与路径选择研究》，博士学位论文，东北财经大学，2015 年。

共同合作，合同分享和利用各自的信息和资源，从而使各自都能使用更多资源，获得更好的运营和盈利能力。我们将这种公司内各个职能部门之间相互协作，并将任一部门的资源无偿地应用于企业内部各部门间的作用效应称为协同效应。

（三）企业资源理论

企业资源理论指出企业之所以拥有各种能力，是以拥有和使用各种资源为基础的，必须有效地掌控各种资源，并逐渐发展成企业的核心竞争优势，这才是企业立于不败之地的根本。因此，现代企业非常重视其所掌握的资源及是否能够有效地利用这些资源。如果一个企业不能在发展过程中及时获取所需资源，就很难继续成长甚至导致企业消亡。金融中介作用之一就是能够帮助企业获得更多的资源，这其中，产融结合能够低成本高效率地帮助企业实现资源获取，从而使企业更具有竞争优势。[1]

（四）企业价值理论

哈佛大学商学院教授迈克尔·波特（Michael Porter，1990）在《竞争优势》（The Competitive Advantage of Nations）一书中提出了价值链理论（Value Chain Theory）。迈克尔·波特指出：每一个企业都是在从事的设计、生产、销售、发送和辅助其产品的过程中进行种种活动的集合体，而这些集合体的活动就是一个价值链。

根据迈克尔·波特的界定，企业的价值链涵盖两个部分：一部分是企业的生产经营环节，包括设计、生产、物流、市场营销等环节，这些活动给企业带来了基本的增值；另一部分是高于基础生产环节的辅助性增值活动，例如技术研究与开发、组织架构的设计、人力资源管理框架的制定、企业战略和行业拓展的方向等。这些互不相同又相互关联的活动是一个创造价值的动态过程，也是企业确定其竞争优势的对象。基础的生产环节带来的价值增值空间是比较有限的，能够为企业带来更大价值增值空间的是价值链上游的活动，例如企业资本结构的优化和资金流动的运营等。

---

[1] 丁迪：《海尔集团产融结合模式研究》，硕士学位论文，电子科技大学，2016 年。

迈克尔·波特的价值链理论揭示：企业与企业之间存在行业价值链，而企业内部各业务单元之间则存在着价值链交叉点。一个大型企业集团的内部存在多样化的价值链交叉点，这每一项价值活动都可以对企业价值最大化的实现产生影响。要实现企业价值的最大化，需要站在战略的高度，审视外部环境和内部管理，认真分析和评估企业集团旗下不同企业之间的价值链交叉点；同时从整合资金流的角度出发，有效地整合交叉点，实现资源的有效共享；还要回归企业利润和价值最大化的实质，夯实生产经营的基础和打通资本运营的脉络，以创造广阔的价值增值空间从而为产融结合做策应。[①]

（五）交易费用理论

交易费用理论认为，市场交易费用的高低取决于资产是否专用，交易是否存在不确定性以及交易是否经常发生等方面因素，而当市场交易费用越高时，企业就越有动力用其内部组织来代替外部市场。[②]所以，节省高昂的交易费用是企业发展产融结合的一个重要因素。企业在生产、经营和销售环节中，经常会涉及大量的资金活动，此时如果是银行等外部金融机构为企业提供此类金融服务，企业将要按照市场价格付出较多的服务费用，对于规模较大的企业集团，这笔费用将尤为可观。而企业如果进行产融结合，则可以在企业内部建立相应的职能部门，为企业提供此类金融服务，从而达到降低交易费用、增加企业集团利润的目的。企业进行产融结合后，还可以使原本用来与银行等外部金融机构谈判、履行合约等的费用在一定程度上减少。

所以，从交易费用理论来看，企业发展产融结合的重要原因在于降低企业的市场交易成本，提升企业利润。此外，产融结合后，企业建立的相应金融职能部门能够为企业提供相关的金融信息和融通资金的便利，这也使集团的其他相关成本在一定程度上大大降低。

（六）企业多元化经营理论

企业在选择经营战略时，通常会遇到两种常见的经营战略，即多

---

① 温馨：《华润集团产融结合的研究》，硕士学位论文，北京交通大学，2016年。

② 尹文专：《企业管理模式的时代转变因素与理念的思考》，《商业时代》2013年第1期。

元化经营战略和专业化经营战略。从证券投资组合理论的角度来看，专业化经营是一种风险较大的经营战略。当企业规模不断扩大，分工越来越深化且趋于专业化时，企业自身资产的专用化程度也随之提高。这会使企业的管理成本增加，各部门之间的协调难度加大，激励和监督的难度也随之提高。在企业扩大专业化经营规模的时候，产品销售市场和所处产业的容量是有限的，这导致在一定周期内，会有越来越多的企业参与到竞争中，此时专业化经营的企业就会面临较大的风险。而金融企业和产业企业由于主营业务的不同，使它们运转的周期也不同，所以企业集团在同时发展二者时，可以减弱经济周期波动给企业带来的不利影响。所以，企业发展产融结合，主要是为了经营上实现多元化，进而达到降低企业风险的目的。

从多元化经营的理论来看，企业专业化经营发展到一定程度后，企业的管理成本会加大，企业在特定的产品及服务市场上所要承受的竞争压力也不断加大。在此情况下，企业为了避免风险，可以选择多元化经营。而金融产业具有自身独特的优势，可以为企业提供大量的信息和低成本的融资。产融结合后，金融企业在集团公司进行兼并、重组、投资的时候，还可以以较低的费用为集团公司提供相应的服务。同时，金融资本与产业资本的融合，提升了企业的竞争力，有利于企业的多元化发展，帮助企业实现可持续发展。

（七）企业生命周期理论

企业诞生、成长、壮大、衰退、死亡被看作是企业的生命周期。尽管并不是所有的企业都必然会经历这四个阶段，且不同的企业在不同阶段持续的时间也不尽相同，但是通过研究发现，即使是不同的企业在相同的生命周期发展阶段也会表现出一些共同的特征。通过这些共性，企业能够清晰地了解所处生命周期的阶段，进而根据情况调整企业的经营目标和经营战略，使企业可持续发展。学者们通常将企业的生命周期划分为四个时期，即创业期、成长期、成熟期和衰退期。根据企业的生命周期理论来看，在不同的时期，企业表现出不同的生命形态，同时，企业的发展目标、经营战略、组织结构、所有者与经营者之间的关系等也会存在不同。创业期阶段，企业规模较小，专注于生产经营较为单一的产品，企业的所有权和经营权一般都集中在所有者手中。① 在此阶段，企业通常具备一定的专利技术，同时也具备了较高的成长性。但是，此阶段投资者比较难以得到企业的相关信息，难以对企业进行正确的评估，使处于创业期的企业很难获得外部资金的投入。进入成长期阶段后，企业的规模开始逐渐扩大，生产经营的范围不再局限于单一产品，企业进入快速发展时期，经营权与所有权开始发生分离。在此阶段，企业的相关信息对外公开的程度加大，投资者可以掌握部分企业的情况。进入成熟期阶段后，企业的成长速度放缓，企业的生产经营范围进一步扩大，且已经占据了一定的市场份额，树立了自身的品牌。而此时企业的组织结构及其关系变得更加复杂，所有权和经营权更加分离，并且具有专业的管理团队。此时，投资者更容易获得企业的相关信息。进入衰退期阶段后，企业的生产经营往往已经呈现出多元化发展的态势，但企业的成长变得更加缓慢，由于组织结构的复杂使企业缺乏灵活性。在此阶段，为了避免被兼并，企业会在产品、服务、经营战略、组织结构等方面进行改进和创新，以寻求可持续发展的可能性。

所以，从生命周期理论来看，企业在进入成长期或者成熟期以后，生产经营规模达到了较高的程度，且企业资金实力也已经具备，这时发展产生了企业集团。而企业集团为了更高的收益或者规模经济，会积极进军金融行业，实现金融业的内部化。从国外企业来看，洛克菲勒和通用电气均是在成长期或者成熟期发展产融结合，帮助企业实现快速发展的。从国内企业来看，中石油、国家电网、海尔、华能等企业集团也是在成长期或者成熟期实现产融结合的。而这些企业多是实力雄厚、规模较大的企业集团，它们多利用自身资本运作、管理、资金等方面的优势，选择有利的市场时机投身金融领域。而企业进入衰退期以后，为了让企业恢复生机和活力，实现可持续发展，在拥有一定资金的情况下，也会积极涉足金融领域，如宝钢、鞍钢等企

① 孙源：《我国企业集团产融结合的有效性研究》，博士学位论文，西南财经大学，2012 年。

业集团。通过产融结合，衰退期的企业一方面实现了产业的转型，另一方面找到了增加利润的机会。①

七　金融创新理论

（一）产业金融

从产业实体与金融领域相融合的现实看，国内外实践经验表明，产融结合是必由之路。主要原因有三点：其一，实业收入增长放缓，通过成本控制带来的红利到了尽头。其二，产业实体在供应链、资金、渠道方面的传统优势逐步弱化。其三，产业实体"存量资源"的再利用、再创利能力逐步减弱。因此，随着产业生态圈围绕大型产业实体的紧密程度下降，以及金融业的发展与实业支撑之间的关系越发疏远，存量资源如何再利用，并有效支撑产业生态圈发展成为需要解决的核心问题，供应链的金融需求也需要寻求外部资源来解决。于是，产融结合便成为政府促进产业发展和企业转型的有效手段。

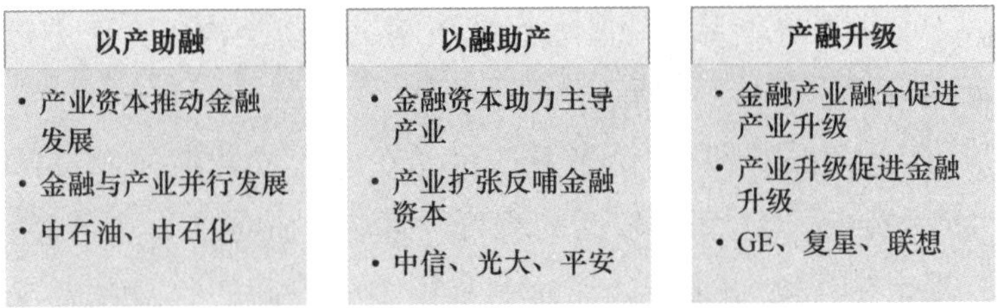

以产助融
· 产业资本推动金融发展
· 金融与产业并行发展
· 中石油、中石化

以融助产
· 金融资本助力主导产业
· 产业扩张反哺金融资本
· 中信、光大、平安

产融升级
· 金融产业融合促进产业升级
· 产业升级促进金融升级
· GE、复星、联想

图 2 - 1　产融结合方式示意图

从发展路径来看，以大型企业集团为支撑的产融结合主要有以下三种方式。其一，以产助融。由产业资本推动金融产业发展，最终形成产业与金融并存的形态，甚至完成产业转型，典型企业如宝钢、中石油和中石化。其二，以融助产。由金融资本辅助主导产业的发展与扩张，在主导产业完善产业链与规模扩张的同时发展金融产业，典型企业如中信集团和光大集团。其三，产融升级。产业资本与金融资本

---

① 邓瑶：《产融结合是钢铁企业发展优先方向》，《21世纪经济报道》2011年第9期。

相互融合，形成产业升级的循环状态，如通过资本运作形成制造业金融优势，同时金融资本促进产业升级，典型企业如通用资本和复星。不管采用哪种模式，产业金融都是随着产业与金融的融合蓬勃发展起来的。

（二）科技金融

金融创新起始于 20 世纪 50 年代末，金融创新的首要目的是为了规避管制。20 世纪 60 年代的金融创新通常被称为避管性创新。金融市场上存在各种形式的政府管制和控制，这些限制阻碍了金融机构的获利。金融机构作为利润的追求主体，势必会通过金融创新来规避政府的管制。其中，以凯恩斯为代表的"规避管制"论和以西尔伯为代表的"约束诱导"论在众多关于金融创新理论中较为突出。

20 世纪 70 年代，金融创新进入转嫁风险创新阶段。金融创新的目的在于转嫁风险，其中转嫁的风险包括利率风险、信用风险、汇率风险以及通胀风险。这一时期主要是以弗里德曼为代表的"货币促成"论。随着全球一体化、世界经济区域化等世界格局的不断变化，20 世纪 90 年代以后，各种金融创新不断涌现，技术发展成为金融创新的重大因素。科技的进步降低了金融业的交易成本，这在很大程度上推进了金融创新的发展，也使科技金融成为金融创新的重要领域。

科技金融是为中小企业开发的一种新型融资模式，它将资金流有效地整合到供应链管理中，既为供应链各个环节的企业提供商业贸易资金服务，又为供应链弱势企业提供贷款融资服务。科技金融不再拘泥于中小企业资产状况、经营状况等因素，而是从产融结合的角度来研究中小企业的融资难问题，并通过企业处在供应链中上下游企业间的关系来考虑中小企业的还款能力。科技金融在一定程度上解决了中小企业的融资难问题，大大缓解了因企业自身创新、创业和成长带来的融资限制。

（三）绿色金融

绿色金融概念最早诞生于西方发达国家的环保实践。实践的核心是为绿色增长和全球及区域的可持续发展提供融资，这构成了"绿色金融"的最初含义。此后，随着可持续发展议题的不断扩展、环境的可持续发展、资源能源的节约与利用，以及应对气候变化等目标相互交叉、重合，使"绿色金融""气候金融""环境金融"等概念也常常交织在一起。

2016 年 G20 杭州峰会，20 国集团（G20）首次将绿色金融纳入G20 议程，提出了一个有关绿色金融的广义定义，即"绿色金融"系指一切支持可持续发展的投融资活动，不仅包括气候融资，还包括更广泛的环境目标，如降低空气、水和土壤污染，提高资源使用效率，保护生物的多样性等，还包括整个金融体系对环境风险的有效管理。但不同国家对"绿色金融"的定义根据各国情况也存在差别。英国政府特别强调金融业对低碳经济发展的支持，将"绿色金融"定义为以发展低碳能源、提高能效、适应气候变化为目的，以及在环境保护、自然资源领域的投资。德国政府下属的德国发展研究所（DIE）偏重于环境风险的管理，将"绿色金融"定义为所有考虑环境影响和增强环境可持续性的投资或贷款。2016 年 8 月，中共中央全面深化改革领导小组第二十七次会议审议通过的《关于构建绿色金融体系的指导意见》明确指出，发展绿色金融，就是通过创新性金融制度安排，引导和激励更多社会资本投入绿色产业，同时有效抑制污染性投资。要利用绿色信贷、绿色债券、绿色股票指数和相关产品、绿色发展基金、绿色保险、碳金融等金融工具和相关政策为绿色发展服务。同时加强对绿色金融业务和产品的监管协调，完善有关监管规则和标准。

总体来看，绿色金融有三层含义：一是构建绿色化的金融体系，即通过政策激励，使金融经营活动充分考虑对环境的保护和社会责任，通过金融业务的运作实现经济的可持续发展和改善环境；二是将绿色发展理念和目标引入金融企业和实体企业内部，成为其经营活动的核心理念，以此来规范和引导企业行为，实现可持续发展；三是推动全社会的绿色消费行为，倒逼企业和金融业的绿色转型。

第二节　宏观环境分析

一　经济新常态将维持较长时间

2014 年 5 月，习近平总书记在河南考察时首次提出"新常态"的概念，并强调"我国发展仍处于重要战略机遇期，我们要增强信心，从当前我国经济发展的阶段性特征出发，适应新常态，保持战略上的平常心态"。习近平总书记提出的中国经济新常态，是站在历史和时代的高度，深刻把握国内外宏观经济形势和中国经济潜在增长率变化规律，着眼于经济社会发展全局做出的重要战略判断。这一战略判断包含丰富的内涵，是我国新的历史时期经济发展的总纲领、总旗帜、总钥匙。

当前我国正处于向"新常态"的转变过程中，我国经济已经出现新的变化。从当前已经出现的变化和未来发展趋势看，我国经济运行将表现出如下特征：增长速度由高速向中高速转换是经济新常态的基本规律，经济结构由失衡向优化再平衡转换是经济新常态的基本特征，经济增长动力由要素和投资驱动向创新驱动转换是经济新常态的基本内涵。

二　经济体制改革将全面深化

党的十八届三中全会提出了全面深化经济体制改革的重大战略方针，经济体制改革是全面深化改革的重点，核心问题是处理好政府和市场的关系，使市场在资源配置中起决定性作用，同时更好地发挥政府的引导作用。全面深化经济体制改革，必须积极稳妥地从广度和深度上推进市场化改革，大幅度减少政府对资源的直接配置，推动资源配置依据市场规则、市场价格、市场竞争来实现效益最大化和效率最优化。

政府的职责和作用主要是保持宏观经济稳定，加强和优化公共服务，保障公平竞争，加强市场监管，维护市场秩序，推动可持续发展，促进共同富裕，弥补市场失灵。在资源配置中让市场发挥决定性作用，并不是放弃政府的责任，而是要求地方政府在资源配置中发挥更加积极有效的引导作用。

三 "十三五"时期金融改革将加速

我国经济将长期处于新常态，经济结构转型压力较大，金融服务需求更加多元化，更加市场化的金融体系改革亟待加快。过去2—3年，我国产业结构调整压力日益加剧，产业结构分化发展趋势较为明显。煤炭、钢铁、石油化工、电力等行业产能过剩较为明显，去库存、去产能、去杠杆压力较大。大宗商品产业链条整体面临较大的需求压力，生产环节经营较为困难，下游领域整体尚可。"一带一路"倡议、区域经济一体化以及中国制造2025战略等促进了高端装备制造业的发展，但是传统工程机械、建筑建材等领域仍然面临较大压力。民生消费增长虽在消化此前刺激政策而相对放缓，但增速尚可；新兴产业的增长保持良好态势，电子通信等行业发展态势较好，结构转型趋势整体向好。但是，不同产业对于金融的需求日益旺盛且多元，为满足经济转型和实体经济多元化的金融需求，金融机构、产品、市场及服务呈现日益跨界的特征。但就整体而言，国内金融有效供给仍然不足，金融体系改革急需强化。

金融体系改革将在"十三五"时期深入推进。其中，降低市场准入门槛，深化金融要素市场改革，建立健全金融监管体系，完善金融市场体系，发挥市场在资源配置中的决定性作用，将是"十三五"期间全面深化金融体系改革的核心任务。"十三五"期间金融体系改革总体框架主要有三部分：一是改善供给端，增加有效供给，丰富金融机构体系；二是放开市场价格，提高资金配置效率，完善金融市场体系；三是改革金融监管体系，防范系统性风险，保障金融市场稳定。

根据党的十八届三中全会的精神，全面深化改革的核心是市场化，而市场化改革的核心是要素价格市场化，特别是土地、劳动力和金融要素等价格的市场化。从未来经济发展模式转型、现代经济制度建设和内外经济两个大局的统筹看，利率市场化、债券市场完善（及国债利率曲线形成机制）、汇率形成机制市场化、健全多层次资本市场体系和金融各行业对内对外开放是金融市场体系完善的五大核心任务。

四 供给侧结构性改革成主导

当前，全国上下各行各业，供给侧结构性改革在稳步推进。基于市场化改革原则，丰富金融机构体系，改善金融服务供给端，增加金融服务有效供给，是"十三五"期间金融改革的重点任务。需求端的改革只是解决周期性有效需求不足带来的产出缺口问题，而供给端的改革才是中国未来长期可持续发展的保障。从凯恩斯主义的政策框架逐步转向新供给主义的制度框架，从需求管理为主逐步转型为供给端改革，是"十三五"期间完善金融市场体系改革的重中之重。当前，有效供给扩大的核心问题就是准入门槛的降低，特别是要放低对民间资本进入金融行业的要求，要让其他经济形态进入金融体系成为常态化。将来，金融机构跨界化运作和服务可能成为一种趋势。

"十三五"期间，金融体系为了更好地提供有效的金融供给，发挥更加重要的行业转型发展支撑作用，应将产业金融、科技金融、绿色金融等作为金融体系未来发展的核心方向。同时，金融机构还应顺应跨界融合的发展趋势，创新业务和运营体系，日益强化服务实体经济的功能定位，不断完善风险管控，持续夯实对行业以及实体经济的支撑作用，不断提升服务实体经济的效率。

五 区域经济一体化加快推进

伴随着全面深化经济体制改革、要素市场改革以及金融机构、市场和监管体系的完善，从当前经济层面来看，"一带一路"发展战略和区域经济一体化进程可能在"十三五"期间加速。《"十三五"规划纲要》要求，以区域发展总体战略为基础，以"一带一路"倡议建设战略、京津冀协同发展战略、长江经济带发展战略为引领，形成沿海沿江沿线经济带为主的纵向横向经济轴带，塑造要素有序自由流动、主体功能约束有效、基本公共服务均等、资源环境可承载的区域协调发展新格局。

在"十三五"规划的新格局指引下，要坚持优势互补、互利共赢、区域一体，优化经济结构和空间结构，探索人口密集地区的经济优化开发新模式，提高山东半岛城市群的开放竞争水平。同时要鼓励国家级新区、国家级综合配套改革试验区、重点开发开放试验区等平台的体制机制和运营模式创新。基于山东省《"十三五"发展规划纲要》中关于山东半岛蓝色经济区、黄河三角洲高效生态经济区建设的战略要求，经济发展协调性要全面增强，空间发展格局要更加优化，"两区一圈一带"建设要深度融合、互动发展，争取在对接融入国家区域发展战略中取得重大进展和突破。

六 潍坊市的未来发展方向

"十三五"期间，潍坊市为了实现由中高速增长向中高端水平迈进的目标，必须把稳增长与调结构有机统一起来，坚持以提高发展质量和效益为中心，把转方式调结构作为"十三五"时期的重点任务，坚持以"转"促"进"，大力实施质量立市战略，努力走出一条高质量、高结构、高效益、经济持续稳定增长的新路子，推动更高层次的新发展。

协调是经济持续健康发展的内在要求。随着"四化同步"深入推进，区域协同、城乡一体化发展趋势越来越明显。近几年，潍坊着眼增创发展新优势，从潍坊实际出发，坚持统筹全域发展、优化功能布局，提出并实施了突破滨海、提升市区、开发"两河"战略，取得了明显成效。

在新起点上实现潍坊更高层次的新发展，需进一步提升中心城区带动全市发展和服务区域发展的能力；继续扎实推进"两河"开发，打造支撑全市科学发展的生态屏障，实现经济社会与自然生态协调发展。要着眼深化突破滨海、提升市区、开发"两河"区域统筹发展战略，要完善规划对接、政策协同、产业协作联动机制，提升海洋资源开发利用和海陆统筹发展能力，提升中心城市核心功能和服务区域发展能力，提升"两河"生态安全保障和生态资源支撑能力，率先形成均衡发展的新格局。

2017年2月闭幕的潍坊市第十二次党代会提出了着力打造产业强市、文化名市、活力城市、品质城市的战略部署。"十三五"时期，要完成"转方式调结构"的要务，实现潍坊"四个城市"的建设目标，需要注重顶层设计，坚持规划引领，将产业发展和城市建设同步规划，科学选择产业和城市的空间组合方式，促进产城相互支撑、互动发展；需要拉长优势产业链条，打造产业集群，打造产业金融体系；需要优化产业生态，形成以产兴城、以城带产、产城融合、产融结合的一体化发展格局。

第三章　产融结合的发展历程与主要模式

第一节　西方国家产融结合的发展历程

现代产融结合始于工商业资本向银行资本的转变及归集，使几乎所有的货币资本和大部分生产资料都处于银行的支配之下，银行可以利用信贷资源完全决定资本家的命运，从而产业资本只有掌握在银行手里才能获得生存和发展。[①] 而随着社会信用的发展，各种金融工具的创新和金融结构的日新月异，银行资本不再是单一的金融资本，产融结合也逐步走向了市场经济下的具有全球化特征的产业资本与金融资本的融合。综观西方国家的产融结合，都大致走过了萌芽阶段、自由发展阶段、分业管理阶段和深化阶段。[②]

一　产融结合萌芽阶段

西方产融结合最早可以追溯到中世纪商人之间的高利贷。单纯经营货币的商人早已有之，他们凭借手中的货币资本获取利息，从而参与到生产中去。所以，有的学者认为欧洲早期的"金匠"，就暗含着银行业的影子。早在商业贸易出现的时候，商业银行就作为重要的资本支撑力量参与其中。商业银行参与贸易，不仅因为贸易商人急需货币支持，也是因为银行经营货币更加便利和安全。这其实可以看作是

---

① 张宇、蔡力焕：《马克思主义金融资本理论及其在当代的发展》，《马克思主义与现实》2010 年第 6 期。

② 张春梅：《产融结合：中国企业的快速发展之道》，经济日报出版社 2013 年版。

产融结合的萌芽。

二　产融结合自由发展阶段

产融结合初期，主要是商业资本和银行机构之间形成借贷关系。因为工业资本的发展相对滞后，所以直到 1781 年英国的瓦特发明了蒸汽机，加快人类生产方式和生活方式的工业经济时代才开始了。因以货币资本和生产资料为代表的工业资本的飞速集中、社会化大生产的日趋深化，都促使对以银行资本为代表的金融资本需求剧增。

19 世纪初，英国为了在全球建立更多的殖民地，鼓励商业银行向工商企业发放贷款，两者开始发生联系；1856—1862 年，西方资本主义世界普遍设立股份公司时，商业银行向股份公司贷款形成热潮。就是在这一阶段，产融结合问题被导向银企关系论，主要分析银行机构等间接金融机构是如何通过开通与企业间的资金融通渠道而向工商企业渗透的；同时，认为工商企业发行股票、债券等只是企业自主行为，与金融资本融通无关。

产融结合自由发展阶段，西方各国对金融的监管和立法更多关注银行机构的合规性与风险控制，监管相对宽松。美国联邦政府对金融业仅限于审查银行设立的条件以及有关的业务活动；英国则仅限于对银行进行登记注册。在当时，股票的发行属于工商企业的自主行为，各国都没有出台直接的监管措施。在股票交易从自发逐渐走向集中的过程中，其管理也多遵循自律原则。正是在这种宽松的环境中，这些国家通过股票发行实现了巨额资本快速集中，产业以及企业规模都迅速扩大，生产的社会化程度也达到了前所未有的高度。

直到 1929 年的经济危机在美国爆发，整个资本主义世界深陷"大萧条"的泥潭之前，西方一直奉行自由放任的市场经济制度。自由竞争是其经济发展和国家治理的最高原则，因为各国政府对产业资本、金融资本的融合和分化都不多加干预。时至今日，仍有许多观点认为 20 世纪 30 年代美国经济危机的爆发是因为胡佛政府坚持"自由放任的经济制度"[①] 而不肯出手救市的结果。

---

① 胡国成：《塑造美国现代经济制度之路》，中国经济出版社 1995 年版。

这一时期，银行资本和产业资本融合分为两种类型——银行直接参股、开办工商企业以及工商企业收购银行股票或直接开办银行。在相互渗透持股和资本融合的前提下，为了提高产融结合的效果，双方还进行人事渗透，直接参与到对方机构的管理和监督活动中。而银行机构则凭借行业优势，介入到股票、公司债券等发行、交易业务中，形成了有价证券的发行、承销、代理交易等专门代理行业，为日后金融机构的完备和金融体系的建立打下了基础。

三 产融结合分业管理阶段

1929 年 10 月，美国纽约证券交易所股价暴跌，从而引发了对美国经济造成重击的，进而演化成全球性经济危机的"大萧条"。这引起了人们对产融结合自由发展的反思。《格拉斯—斯蒂格尔法》(1933 年)、《证券交易法》(1939 年) 的颁行，标志着美国进入了金融业分业管理时期。为摆脱经济危机带来的束缚，其他西方国家也大多追随了美国的做法。

首先，产业资本到金融市场融资颇受支持，而金融机构到工商企业直接投资则有着严格的市场准入、持股渗透的限制。其次，分业管理模式下金融机构的发展受到制约，由此催生了银行持股公司。银行等金融机构借此绕过政府监管进行筹融资活动。由此可见，即使一些限制性法律法规出台，也只是给产融结合的运作设立了安全警戒线，而不能触动其内在的运作机制。加之，由于存在强大市场需求以及经济发展阶段的不断提升，产融结合在严格管理的背景下，反而另辟蹊径，推动了制度创新，拓宽了直接融资市场的发展。

这一时期，尽管各自实际国情不同，日本、德国等国家采用了稍异于美国的方式来进行管理，但从理论上来讲都属于分业管理、限制严格的时期。只是由于侧重点不同、资本市场的发达程度不同，美、英两国直接融资更为成熟，而德、法、日等则主要依赖于银行的间接融资。

四 产融结合深化阶段

20 世纪 70 年代后期，西方国家经过近 40 年的发展普遍陷入了"滞胀"阶段，产融结合成为推动经济增长、降低居高不下的通货膨胀率的重要手段。因而各国放松金融管制、推行金融自由的呼声越来越高。金融自由化推动了从金融工具到金融制度的多方位、深层次的创新。

西方经济学界也不得不对美国经济"大萧条"重新进行反思，将"大萧条"的根本原因归结于金融发展过度自由化。这显然只是一种理想化的解释，并没有对危机产生的本质进行反思。而分业经营、加强管制的模式使金融业失去活力，从而导致产业部门即使有权进入金融资本市场，也没有多余的资本向外输出；同时，在产业部门需要筹资时，金融部门却在严格的管制下空有资本存量，无法向产业部门融通。所以，"取消金融管制能够促进金融制度的稳定性"①，这就为20世纪80年代以后金融理论的创新打下了基础。产融结合的实现渠道也大为拓宽，各种投资基金快速发展。美国废除《格拉斯—斯蒂格尔法》，标志着全世界进入了放松金融管制的时期。金融创新一浪高过一浪，才有了后来的华尔街在全球资本市场上的呼风唤雨。当然，21世纪初，由于过度金融化和金融衍生工具的过度创新，已经完全脱离了实体经济能够支撑的规模，华尔街的金融资本不但重创美国产业资本，还几乎拖垮了高盛、美林、摩根士丹利等知名投行，迫使美联储2009年出台了四万亿美元的"一揽子"救市计划，以期刺激经济迅速恢复。②

第二节　西方国家产融结合的主要模式

全世界范围内有关产融结合模式的划分有着不同的依据和标准，例如早在20世纪之初就有国内学者根据国别划分而总结出的"德国模式"和"日本模式"③，以及根据银行业务经营制度而得出的"专

---

① 李扬、土国刚、土军、房廷汉：《产融结合：发达国家的历史及对我国的启示》，《财贸经济》1997年第9期。
② 臧玉荣：《国有资本产融结合研究》，博士学位论文，中共中央党校，2015年。
③ 王文烈：《产融结合模式的国际比较》，《浙江金融》2001年第10期。

业化"和"全面化"两种基本类型等。① 不过就各个经济主体在产融结合发展过程中的相互关系，以及经济主体所处的经济发展阶段与特定的制度环境而言，更为常见的是将产融结合的主导模式概括为如下四类：一是政府主导型；二是银行主导型；三是企业主导型；四是市场主导型。如表 3 - 1 所示，它是对上述四种模式的一个简要总结。

表 3 - 1 产融结合的主导模式总结

发展模式	政府主导型	银行主导型	企业主导型	市场主导型
基础条件	政府主导推动经济增长，推行产业政策、金融政策	银行体系发达，并能经由信贷和股份等控制企业	准市场经济体制，企业自治并能够开办金融机构	健全的市场经济体制以及配套的法律制度体系
运行主体	政府	商业银行	企业	市场
运行方式	信贷扶持	主银行制	分散化	价格与竞争
经济效应	强大的动员能力，效率相对低下	资本汲取能力强，竞争性较差	自由交易，金融体系分散	高效的资源配置，有效识别风险
风险控制	风险水平较高，控制能力较弱	企业经营与银行体系的风险放大	风险水平高，金融动荡的影响大	市场自身也存在盲目性，需要引导
典型国家	苏联、韩国	日本、德国	南斯拉夫	美国、英国

资料来源：王吉鹏：《产融模式》，经济管理出版社 2012 年版，第 82 页。

一 政府主导型产融结合模式

政府在任何国家和地区的经济与社会发展过程之中，都承担着极为重要的使命、功能和作用，而当政府通过控制金融部门和实施产业政策，在储蓄—投资转化的过程中发挥主导性作用的时候，就形成了政府主导型产融结合发展模式的重要基础。在该发展模式下，政府有意识地以特定的产业政策为指导，将金融支持和产业发展结合起来以实现经济结构的优化升级，最终实现经济增长。由此可见，这种模式

---

① 李贞玉：《产融结合模式的国际比较及对我国的启示》，《生产率系统》2000 年第 2 期。

更适合经济发展水平相对落后或起步较晚的发展中国家。实际上，苏联与东欧的社会主义国家以及计划经济时期的中国，都是这种发展模式的践行者，并将其视为整个中央经济计划体制的重要组成部分。①正如新中国成立后到改革开放前这一时期中国所经历的那样，在资金资源极为稀缺且基础极为薄弱的特定情况之下，通过政府的行政计划来主导金融资本和产业资本的配置与融合，无疑能够更好地满足整个国民经济快速发展并实现赶超战略的需要。然而，当前述的采取中央计划经济体制的国家，由于各种原因而实施了经济改革和体制转型之后，这些国家原先采取的政府主导型的产融结合发展模式也被迫进行了不同程度的调整。

采取政府主导型产融结合发展模式的国家和地区，在一定程度上也必然要承担相应的成本和代价。众所周知，基于中央计划经济体制的"指令经济"的发展，在很大程度上都存在着低效率和政策频繁更迭及连续性较差等问题，而这种背景之下的产融结合发展往往也存在明显的信息不对称和不确定性风险。例如，在传统计划经济时期的我国，金融交易关系实际上是不存在的，信贷资金和其他类型的产品一样都属于计划配置的范围，银行的资金供给只是作为财政政策和产业政策的附属物。如此，僵化的指令分配机制就导致了资源配置的扭曲，而重复、低效率乃至"寻租"等也就成为必然的"副产品"。即便是在向市场经济体制转轨之后，整个金融与市场体系也依然留有计划经济体制的"烙印"，如政府对国有经济成分的扶持性金融政策等，而对商业银行的信贷指导和控制，也始终都是保障整个国民经济稳定运行的重要手段。由此可见，随着金融体系的改革与发展，政府主导型产融结合发展模式在某种程度上就演变为了一种"混合型"的产融结合发展模式。②同时，基于不同的经济体和不同的发展阶段，这种模式在特定的条件下也依然能够发挥出相应的积极作用。

---

① 胡恒松：《产融结合监管问题及制度创新研究》，博士学位论文，中央民族大学，2013 年。

② 黄明：《产融结合模式的国际比较与制度分析》，《学习与探索》1999 年第 2 期。

二 银行主导型产融结合模式

所谓银行主导型产融结合模式，也就是以商业银行为主所形成的间接融资体系，在整个经济体的储蓄—投资转化过程中发挥着主导性的作用。通常，银行会通过结合债权和股权来实现向产业资本的渗透，并最终实现对产业资本的控制。事实上，这种产融结合发展模式往往都是以银行主导型金融体系为基础的，也就是说采用这种发展模式的国家和地区，一般都具有相对发达的银行体系，并能够主导整个金融体系的有效运转。与此同时，这种发展模式的形成通常还需要较高的国内储蓄水平和明确的投资引导计划，因为银行首先需要获得大量的资金才能维持整个体系的运行，而整个经济体中的投资也需要以经济计划的形式来予以必要的引导。为此，银行主导型金融体系、较高的国内储蓄水平，以及明确的投资引导计划，被看作是这种产融结合发展模式所应具备的三个基本条件。

第二次世界大战后日本的经济快速增长，就是与这种类型的产融结合发展模式有着密切的关联。战后日本的很多企业都陷入了比较严重的财务危机，而银行则通过提供信贷资金等金融支持在整个经济体系中确立了主导性的地位，并经由与企业之间逐步建立的密切联系实现了对企业的掌控。随着"关系型融资"网络的形成，以及基于信用的委托监督关系，日本所采用的银行主导型产融结合发展模式，在很大程度上被认为是这方面的一个成功的典范。日本由于战后所取得的经济奇迹，其在20世纪50年代末至70年代末的20年间，保持了平均高达10%的经济增长率，成为很多国家效仿的榜样。20世纪90年代以来的20年间，日本则由于经济泡沫和后来的亚洲金融危机影响，又被认为所采用的产融结合发展模式存在着严重的问题。事实上，结合日本的经济发展状况和实际市场环境来看，以"关系型融资"网络为基础的银行主导型产融结合模式，在一定程度上既是日本取得经济奇迹的一个强有力的推动因素，同时也是造成竞争性缺失和风险累积的一个重要原因。所以，银行主导型产融结合发展模式是需要一定的基础和条件的，它固然能够在企业融资和公司治理等方面形成自己的优势，但是在银行内部管理、信息披露和资源配置效率等方面又可能存在先天的不足。

三 企业主导型产融结合模式

企业主导型产融结合模式，顾名思义是由企业在整个产融结合的发展过程中来发挥主导性的作用，其具体的方式通常是由工商企业在内部成立银行等金融机构，来满足其融资等方面的需求。这种产融结合发展的模式现在几乎已经不被看作是一个基本模式，因为它在实践上已经被视为是一种基本不成功的模式。具体地，20世纪50年代的南斯拉夫在脱离苏联的控制之后，废除了高度集权的中央计划经济体制，并采取了"工人自治"和"社会计划"制度。于是，基于政府直接干预经济渠道的废除、自由贸易和分散化的银行体制，就实际上形成了一种变异的市场经济体系。从金融体系的组成来看，其中央银行是由多家地位平等的银行共同组成，因此对于宏观经济进行调控的职能被大大弱化；同时，工商企业根据自治体制能够相对自由地设立银行，从而商业银行等也在事实上不再承担和履行经济管理与调节的职能，而是在某种意义上成为符合独立经营、自负盈亏的一般性经济组织的身份。

从20世纪50年代至80年代，南斯拉夫的自治体制对其经济增长的突飞猛进曾经发挥了巨大的作用。然而，在既定的体制框架下，由于商品生产和客观的经济规律在很大程度上被忽视，成为后来其经济形势恶化的重要原因。[①] 在这样的大背景之下，从产融结合发展的角度来看，即便这种由企业来主导进行的产融结合模式，能够在很大程度上确保市场交易的自由并促进资金使用效率的提升，但是它在宏观经济调控和防范金融动荡方面，则会显得尤为"力不从心"。例如，在以企业为主导的经济体系运行中，南斯拉夫的各个经济部门往往更注重分配和消费，而积累下来用于投资的比例则相应减少，于是刚性的投资需求就对债务规模的不断扩张形成巨大压力。这也是后来该国实施"长期经济稳定纲领"，并推行一系列经济制度和政策方面改革的重要内容之一。

---

① 黄炳钧：《南斯拉夫社会经济改革初探》，《苏联东欧问题》1984年第5期。

四 市场主导型产融结合模式

市场主导型产融结合模式意味着，产业资本与金融资本的相互转化与融合是以高度证券化和自由运行的资本市场为基础的，同时健全的价格与竞争机制以及完备的法律制度也是该模式得以有效运行的重要条件。相比较而言，市场主导型产融结合模式是迄今为止最具活力的，如美国和英国等老牌资本主义国家就是采用这种发展模式的典型代表。以美国为例，其自20世纪30年代的经济大危机之后，就针对银行业的发展制定了一系列的规制措施，如存款利率限制、银行业与证券业的分业经营与管理，以及存款保险制度等。结合美国的自由市场经济体系，该国的产融结合模式主要表现出了以下几个方面的特征：一是以自由企业制度为基础的市场经济体制条件下，任何工商企业和金融机构都是平等的市场主体，而相对充分的市场竞争则有利于资源配置效率的提升；二是以信用体系和交易规则为基础的市场环境，保证了较高水平的信息透明度以及融资需求的满足度；三是以市场需求为导向的投融资机制的建立，可以帮助各个市场主体有效地识别和规避风险。

尽管有关市场主导型产融结合模式是最具活力，同时也是最广为人知和争相效仿的对象，但是应当认识到采取这种发展模式所需要的各项基本条件。例如，对于包括我国在内的广大发展中国家而言，金融市场化和产业证券化的发展水平相对较低，同时相关的制度体系和政府在其中的功能与作用都是极为不同的。所以，市场主导型的产融结合模式不仅无法照搬，甚至在很多情况下也不能被当作是一种目标模式。这其中的原因是多种多样的，比如美国所特有的原始资本积累过程、资本主义精神，以及随着产融结合发展的实践而逐渐完备起来的制度规范体系等。例如，美国早在19世纪末期就有了诸如"洛克菲勒财团"和"摩根财团"等的产融结合实践，[①] 前者用了7年就从炼油厂发展成为全美最大的石油公司，20年之后则又成功地由单纯依靠石油转向了经由金融业务向其他领域的渗透；几乎同一时期的后者

---

① 李翀、曲艺：《美日德产融结合模式分析》，《金融与经济》2012年第6期。

则是比较典型的由金融资本向产业资本转化的"由融到产",即在金融业务和实力都不断拓展的基础上对实体产业进行投资,并最终建立起强大的产融帝国。[①]

第三节　我国产融结合的发展历程

产融结合在世界范围内的发展,至少可以追溯到 19 世纪的西方工业社会,在刚刚进入工业化发展阶段的英国,工商企业已经开始与银行等金融机构建立广泛的业务联系。[②] 不过,现代产融结合在国内的发展,不仅起步较晚,而且还经历了相对曲折的发展过程。总体上,国内产融结合的发展要从改革开放以后,工商企业的经营自主权扩大并有了内部留存资本之后算起,同时金融体制与运营模式的变革也使商业银行开始主动吸纳来自工商企业的投资。综合来讲,我们将国内产融结合的发展划分为三个阶段,即起步阶段、治理阶段和快速发展阶段。

一　起步阶段（1987—1992 年）

国内产融结合主要起步于 1987—1992 年,且主要以工商企业参股金融机构和产业集团成立财务公司模式为主。例如,1986 年重新组建的交通银行不仅是我国第一家股份制和全国性综合银行,而且其股本结构中还包含了至少 25％ 的产业资本,这些产业资本则来自于红塔集团、贵州茅台、山东电力和一汽集团等。为此,重新组建后并于1987 年 4 月正式营业的交通银行,首开了工商企业参股投资商业银行的先河。类似地,深圳发展银行也开始进行增资扩股,最终深圳市的社保、国际信托投资公司和投资管理公司等,都成为深圳发展银行的大股东。与此同时,1987 年,"东风汽车工业财务公司"的成立,标

---

① 王克馨:《中国产融结合发展模式与路径选择研究》,博士学位论文,东北财经大学,2015 年。

② ［美］查尔斯·金德尔伯格:《西欧金融史》,中国金融出版社 1991 年版,第 115页。

志着国内第一家企业集团财务公司的诞生，这不仅是"大公司、大集团"战略的实际体现，同时也意味着企业办金融、产业与金融相互结合局面的正式形成。① 另外，同样是 1987 年，招商局集团在原先蛇口工业园区财务公司的基础之上组建了"招商银行"，并陆续与近百家企业签订了入股协议从而实现了增资扩股。同一时期，国内部分经济实力和竞争力都比较雄厚的产业集团，也开始着手构建隶属于自己的银行机构平台，例如中信集团的中信银行（1987 年）、首都钢铁公司的华夏银行（1992 年）和中国光大集团的光大银行（1992 年）等的先后成立，都是这方面的经典案例。

在国内产融结合的起步阶段，国家所采取的"大企业"发展战略是非常重要的外生推动因素。例如，基于推动大型企业集团快速成长的需要，1991 年国务院批转了原国家计委、体改委和国务院生产办公室的《关于选择一批大型企业集团进行试点的通知》，明确表示要达到"企业组织结构调整""生产要素合理流动""形成群体优势和综合功能"，以及"提高国际竞争力"等试点目标，② 并列出了 55 个试点企业的名单。在具体的措施中，《通知》明确提出了"试点企业集团要逐步建立财务公司"。1992 年，中国人民银行、国家计委、体改委和国务院经贸办等又联合发布了《关于国家试点企业集团建立财务公司的实施办法》，明确了财务公司的性质、业务范围和设立条件等。③ 因此，在这一阶段，国内产融结合的初步发展，主要是受国家发展大型企业集团战略的推动，同时也是基于改革开放后市场化水平的逐步提升，以及大型企业集团资本运作需求逐渐显现的实际需要。④

二 治理阶段（1993—2003 年）

经历了国内产融结合的发展起步之后，随着越来越多的企业集团

---

① 孙莉娜：《我国企业集团财务公司发展现状与完善建议》，中华会计网校，2005 年 12 月 10 日。

② 国务院批转国家计委、国家体改委、国务院生产办公室《关于选择一批大型企业集团进行试点请示的通知》（国发〔1991〕71 号），中央政府门户网站，1991 年 12 月 14 日。

③ 中国人民银行、国家计委、国家体改委、国务院经贸办：《关于国家试点企业集团建立财务公司的实施办法》，人民网——法律法规库，1992 年 11 月 12 日。

④ 王克馨：《中国产融结合发展模式与路径选择研究》，博士学位论文，东北财经大学，2015 年。

或参股金融机构或创建财务公司等，导致大量的产业资本融入到了金融领域，这在一定程度上对市场秩序和金融产业发展形成了冲击。尽管当时国家根据产融结合的实际发展情况，陆续出台了相关控制政策和约束规范，但由于整个市场环境发育并不充分，因而导致了该领域混乱局面的形成。1994 年，中国人民银行发布了《关于向金融机构投资入股的暂行规定的通知》，不仅限制了国家开发银行等政策性银行和中国工商银行等国有商业银行对金融机构的投资，而且也要求工商企业只有在满足业绩和净资产等方面的要求并经审核之后，才能够向金融机构实施投资。① 另外，1995 年《商业银行法》的颁布与实施，则是对我国金融资本向产业领域的渗透形成了严格的约束。其中，《商业银行法》第 74 条规定，商业银行不得违反国家规定从事信托投资和证券经营，以及向非自用不动产投资或向非银行金融机构和企业投资。② 于是，从此之后，国内的金融资本向产业领域的融合，即所谓的"由融及产"的发展路径就受到了严格的限制。表 3 - 2 给出了 1991 年至 2003 年期间，"央企"投资寿险行业的情况。

表 3 - 2　　　　1991—2003 年国内产融结合发展——"央企"
投资人寿保险概况

年份	央企	寿险公司	注册资本（亿元）	参股比例（%）
1991	中国石化	太保人寿	77	17.27
	宝钢集团			1.50
1996	中化集团	中宏人寿	6	50.00
	宝钢集团	新华人寿	12	17.27
	中国石化			1.5
1999	五矿集团	金盛人寿	9.05	49.00
2002	中石油	中意人寿	27	51.00

①　中国人民银行：《关于向金融机构投资入股的暂行规定的通知》，招商银行网站，2001 年 7 月 3 日。

②　《中华人民共和国商业银行法》，中央政府门户网站，2005 年 9 月 12 日。

续表

年份	央企	寿险公司	注册资本（亿元）	参股比例（%）
2003	中粮集团	中英人寿	16.35	50.00
	中海油	海康人寿	6	50.00
	国家开发投资公司	国寿股份	282	0.18
	中国海运集团			0.07
	中国核工业集团			0.07

注：表格中参股寿险公司的比例达到49%及以上的属于"控股"，其余则属于"参股"；其中"中意""中英""海康""中宏""金盛"等属于"合资"类型，而"新华""太保"和"国寿股份"属于"中资"类型。

资料来源：王美英：《产融结合的约束因素及制度建设分析》，《现代管理科学》2010年第10期。

为了探索在特定的融资环境下银行机构与企业之间稳定关系的形成与发展，1996年人民银行开始在300家重点国有大中型企业尝试推行"主办银行制度"[①]，"主办银行"主要为后者提供信贷、结算和现金收付等金融服务，以建立银企之间良好稳定的合作关系，同时也期望借此对企业施加一定的影响力和控制力。然而，从实际的实施效果来看，主办银行制度的推行的确在一定程度上发挥了对产业结构调整与信贷结构优化的支持作用，同时也的确为企业的经营活动提供了优良的金融服务；但是，由于银行机构与企业之间并没有长期的产权关系作为纽带，该制度的建立对于双方的约束力也仅限于"合作协议"。另外，该制度囿于国有商业银行和国有大中型企业之间的合作，由此必然会产生权利与义务难以明确界定，而对于可能的违约责任则容易因为同属"国有"导致无法实施有效的监督和责任追究。为此，也有人认为该时期建立的"主办银行制"并非真正地类似日本等国家的主办银行制，同时也是对国内的银企关系缺乏研究的结果。[②]

在这一阶段，尽管国内有关产融结合的各种政策规范陆续出台，

[①] 周娴：《主办银行制的渊源与我国的实践》，《商场现代化》2008年第6期。

[②] 黄明：《现代产融结合新论——中国银企关系协调改革的模式选择》，中国经济出版社2000年版，第320页。

显示了政府和监管部门对于产融结合乱象与风险进行治理的决心，但是随着国有企业改革的不断深化以及国内金融市场开放度的逐步提高，尤其是加入 WTO 之后带来的巨大影响和各种"契机"，国内的产融结合仍然逐步进入到了全面发展时期。例如，从企业集团组建财务公司打造属于自己的金融平台情况来看，到 2004 年，国内已经拥有了 80 家财务公司，资产规模达到了 5600 多亿元。① 海尔集团的产融结合发展尤其引人注目，该集团 2001 年正式涉足金融领域，在控股青岛商业银行之后，又组建了财务公司，然后又与美国纽约人寿合资成立人寿保险公司。在短短 1 年多的时间里，海尔集团就获取了银行、保险、信托和证券等典型金融业务的牌照，从而构建了比较完整的金融业务架构。同一时期的德隆集团则被看作是产融结合发展的反面典型教材，成立于 2000 年的"德隆国际"以金融股权投资为主，并一度控制了多家证券公司、商业银行和非银行类金融机构，从而构建起了庞大的"金融帝国"。然而，2004 年"德隆危机"的全面爆发，给国内的产融结合热潮带来了一定的冷却和降温效果。这在某种程度上也揭示出，国内的产融结合发展限于特定的环境和条件，注定不会一帆风顺。正如在 2013 年中国大金融高峰论坛上有企业家总结的那样："1994—2004 年产融结合的日子并不好过，无论是国资还是民资，投入到保险、证券和银行里都不赚钱，尤其是以 2002 年和 2003 年最为困难"。②

三　快速发展阶段（2004 年至今）

随着国家有关监管部门对工商企业发展金融业务政策的逐步放宽和态度的转变，不断壮大的国内产业资本和急剧扩容后的金融市场相结合，国内的产融结合自 2004 年后就进入到了一个快速发展的新时期。

统计表明，截至 2012 年，国内央企控制的金融子企业总资产规模已经达到了 2 万亿元，中石油、中石化、中海油、招商局、国家电

---

① 施俊：《财务公司将加强与券商基金合作》，中国证券网，2005 年 1 月 26 日。
② 和讯基金：《圆桌讨论三：产融结合，追求实效》，和讯网，2013 年 10 月 16 日。

网、中航工业等 8 家企业集团的金融板块占据了央企的 60%；同时，自 2004 年以来，国内金融资产规模增长幅度非常之大，仅银行资产就从不到 20 万亿元增长到了 2013 年的 140 万亿元，银行业的盈利能力也从初期的 2000 多亿元增长到现在的超过 2 万亿元。[①] 总之，现阶段以央企为首的国内企业集团发展产融结合热情的逐步高涨，显然与 2006 年以来 "高增长、低通胀" 的良好宏观经济运行与发展态势有着很大的关联性，同时也是得益于国资委等监管部门对央企产融结合发展战略的支持。例如，中国人民银行 2006 年发布的《中国金融稳定报告》曾明确表示 "不支持产业集团直接或间接控股金融企业"[②]，但是 "中石油" 和 "国家电网" 等大型国有企业集团的产融结合实践对监管机制与监管政策形成了实际上的 "倒逼" 现象，而作为国有企业出资人的 "国资委" 后来则明确地对产融结合式发展的重要性和必要性予以了肯定，这很快就被视作 "利好消息"，并使大型国有企业集团发展金融业务的信心得到了进一步稳固。从目前国内大型企业集团产融结合发展实践来看，总体上已经进入到了金融业务的各个领域，如银行、信托、期货、证券以及金融租赁等典型业务均有所涉及。

这一阶段，我国的国民经济进入到了稳定与快速发展的时期，随着产业集团的发展壮大以及金融市场的不断开放，国内大型产业集团纷纷开始涉足金融业务并尝试构建金融平台，产业资本向金融资本的渗透与转化速度在不断加快。同时，非银行金融机构也积极地通过各种途径向产业领域进行渗透，如证券公司的直接投资、保险业的间接性投资，以及证券投资基金对实体产业的参股投资等。另外，国有商业银行的 "债转股" 也可以看作是一种比较特殊的产融结合方式，因为它并非由国有商业银行直接操作，而是通过资产管理公司（AMC）

[①] 饶霞飞：《中国产融结合热潮：央企金融资产达 2 万亿》，21 世纪网，2013 年 11 月 8 日。

[②] 金融稳定局：《2006 年中国金融稳定报告》，中国人民银行网站，2006 年 12 月 7 日。

来进行的。① 总之，国内产融结合发展到目前已经形成"浪潮"，产业资本持有金融机构或上市公司股份以及设立财务公司等正在变得极为普遍。例如，中国银河证券研究部针对国内 160 多家信托、证券和保险公司的调查表明，从金融机构所有权结构的角度来看，非金融企业集团已经实际控制了将近 50% 的信托公司、38% 的证券公司，以及 50% 的财产保险和人寿保险公司。②

第四节　我国产融结合的主要模式

我国产融结合的主要模式可以概括为三类：一是以集团财务公司为平台提供内部服务的服务型模式；二是以参控股形式投资金融板块谋求回报的投资型模式；三是以多个金融平台的设立实现独立发展的发展型模式。

一　服务型模式

该模式是以集团财务公司为平台提供内部服务的，是自 20 世纪 80 年代末以来，我国产融结合发展的最基本模式之一。1987 年"东风汽车工业财务公司"的成立，被视为服务型产融结合模式的开端。广义上的"财务公司"（Finance Company）被称作"非银行的银行"，通常专指企业附属财务公司，其职能包括金融服务、资源配置、内部结算、投融资和中介顾问等。我国企业集团财务公司是主要为集团成员提供财务管理服务的非银行金融机构，包括交易款项收付、办理贷款和融资租赁、票据承兑与贴现，以及相关的咨询和代理服务等。这种发展模式主要有两方面优势：一是熟悉企业集团的业务和相关产业领域的动态，服务具有较好的针对性；二是业务来源稳定，直接针对

---

① "债转股"实施后，工商银行、农业银行、建设银行和中国银行四大国有商业银行分别组建了华融、长城、信达和东方四大资产管理公司，主要是为了剥离不良资产和转移金融风险。

② 田书华：《产融结合的意义、国内现状、实施途径》，《中国银河证券研究部报告》2011 年 1 月 25 日。

所属企业的产业资本开展各项服务。

目前，基础产业领域的大型企业集团，例如，石油化工、能源电力、冶金钢铁和机械制造等基本上都采用了这种发展模式。该模式主要受《企业集团财务公司管理办法》的调节和限制，该办法自 2000 年由银监会颁布实施以来，已经经历了 2004 年和 2006 年的两次修订。根据相关规定，企业集团设立财务公司，其目的主要是"加强资金集中管理"和"提高资金使用效率"；同时对企业集团的规模、营业收入和子公司控股等方面也都有着明确的要求。然而，2004 年的修订实际上降低了企业集团设立财务公司的门槛，同时由于各大"央企"普遍存在强化内部资金管理的需求，所以在 2008 年金融危机之后国内就形成了"财务公司热"。据公开的统计数据显示，仅 2009 年度获批设立的财务公司就达到了 17 家，而诸如石油化工、能源电力、机械制造和钢铁冶金等基础产业大型企业集团，也都普遍设立了财务公司。例如，中石化集团在 1988 年成立了自己的财务公司，目前该公司的注册资本为 100 亿元，并已经成立了上海、南京、广州、天津、山东和新疆等 9 家分公司。中石化财务公司的主要业务包括存贷款、票据、结算、融资租赁、中间业务、投行业务和国际业务等。截至 2010 年年初，中石化财务公司的总资产已经达到了 1170.9 亿元，当年实现利润总额 15.58 亿元。

二　投资型模式

该模式基于"由产及融"的发展路径，以参控股形式投资金融板块来谋求回报，是现阶段我国产融结合发展的主流模式。一些企业集团为了顺应产业资本与金融资本融合发展的趋势，同时基于提高投资回报率的需要，采用了广泛参股金融机构的发展模式。该发展模式并不以实际控制所参股的金融机构为目的，而主要是为了分享金融板块的高投资回报。目前，国内非金融企业投资金融板块有着多种选择，主要包括商业银行、证券公司、保险公司、投资公司、资产管理公司，以及基金、期货、租赁和担保典当等。以参股或控股商业银行为例，这种选择至少可以给非金融企业带来多个方面的便利：一是增强了融资能力；二是通过外部交易的内部化降低了成本；三是实现了金融业的协同。1986 年成立的"交通银行"就是这种发展路径的典型代表，到目前为止，选择参股或控股商业银行依然是许多大型企业集团发展产融结合的首选模式。

作为现阶段国内"央企"发展产融结合的主流模式，参股或控股金融机构逐渐演变为一种潮流并引起了广泛关注。例如，中国最大的钢铁联合企业——"宝钢集团"，采用这种模式不仅控股"华宝信托"积极拓展业务，还通过"大小非"的方式广泛地参股了交通银行、建设银行、浦发银行、兴业银行、联合证券和新华人寿等多家金融机构。其他如"国家电网"和"中石油"也是直接参控股金融企业的典型代表，其中"国家电网"在 2009 年前后就已经直接控股了财务、证券、信托、寿险、财险及期货等多家金融机构，并对 17 家金融企业进行了参股，当时的资产规模就已经达到了 2460 亿元。再如"中石油集团"，其于 1995 年设立了财务公司，2002 年开始正式涉足金融板块，目前其"昆仑系"的金融架构已基本成形，所控股的"昆仑银行"将来也将成为国际化的商业银行。总体而言，这种投资型产融结合发展模式，操作上相对简便且有利于规避政策限制和风险传播。①

三　发展型模式

该模式以多个金融平台的设立来实现独立发展，通常是企业集团在涉足金融板块之后，并且所涉金融业务已逐步演变成为企业集团的重要板块之一，随着企业自身的发展和外界环境的变化而逐步形成的。实际上，从多个金融机构平台的形成和金融业务布局来看，前述的"国家电网""中石油"和"中海油"等国内大型企业集团，基本上也都归结为这一发展模式。尤其是"国家电网"的"英大系"和"中石油"的"昆仑系"架构的形成具有典型意义。另外，目前"招商局""中信集团""中海油""华润""海航"和"中粮"等大型企业集团，也都纷纷逐步构建起多个金融机构平台。例如，"中信集团"

---

① 王克馨：《中国产融结合发展模式与路径选择研究》，博士学位论文，东北财经大学，2015 年。

在地产、能源等基础产业外，打造出了一个由银行、证券、信托、期货和保险等组成的一系列金融平台。"中石化"和"中海油"则早已进入了信托、保险和基金等分支领域，未来不久就会正式进入银行和证券这两个重要的分支领域。

总之，该模式的形成最能反映出"产融结合热"的影响及其带来的结果，同时，也在很大程度上反映了现阶段国内产业资本与金融资本相互融合发展的必然趋势。事实上，这也正如国内企业家对产融结合发展方向所做出的判断那样："企业的发展需要两个翅膀：一个是实业，另一个就是金融，二者不可偏废，可以相互促进，相得益彰"。①

---

① 这是长江三峡集团公司董事长曹广晶在 2011 年 4 月接受《财经国家周刊》专访时所表达的观点，同时他也明确表示长江三峡集团这些年来也一直致力于在财务公司、银行和保险等领域的发展，目前长江三峡集团的财务公司在"央企"中至少可以排进前十名。详情可参见新华财经：《央企产融结合巨浪：中石油"昆仑系"架构已然成型》，新华网，2011 年 4 月 20 日。

第四章　产业金融发展的经验与启示

第一节　产业金融概述

一　产业金融的概念

产业金融在国内外尚未形成统一的概念，本书认为，狭义的产业金融是指在特定的产业政策下，依托并服务于特定产业发展的金融活动的总称。这里所说的特定产业，应当符合以下两个条件：一是这些产业对国民经济发展的全局来说十分重要；二是这些产业的金融需求和金融体系的发展目标存在矛盾，也就是市场化的金融手段难以对产业的发展提供有效的支持。因此，产业金融是促进产业政策发展的一个重要因素，它既可以是纯粹的政府行为，如产业金融政策，也可以是在政策指导下的市场行为。

广义的产业金融是相对于金融产业（如银行、证券、保险、信托等）而言的，是产业在其不同的发展阶段对金融的需求。因此，作为金融服务供给方的金融产业而言，广义的产业金融反映了对金融服务的需求问题。但需要指出的是，产业金融仅仅是金融需求的一个组成部分，个人、社会是金融需求的其他组成部分。

由此可见，本书对产业金融的定义与平时我们所看到的"产业金融"是有区别的。平时，我们在媒体上看到的"产业金融"是从根本上说的，是指产业资本与金融资本的简单结合，即等同于产融结合的概念，如近几年在我国兴起的"产业金融"热就主要表现为产业资本大规模进军证券、保险、银行等金融业的各个领域，传统的大型产业集团，如宝钢、中粮、中海油、五矿、中远、华能、鲁能等一大批国有大型企业；以及以海尔、联想、方正等为代表的新兴产业集团都在这次热潮中表现得十分活跃。

本书中，产业金融没有游离于现代金融体系之外，而是作为现代金融体系的一个组成部分。它之所以具有不同于综合性金融机构的独立性，是因为其存在和发展的全部意义在于服务和依托特定产业的发展。也就是说，产业金融始终是与特定的产业紧密相连的。当然，这种相关性是建立在符合国家产业政策的前提之上的。

产业金融的特殊性决定了其重要性。首先，产业金融是以促进特定产业发展为出发点和落脚点的，因此它和产业发展有着密切的联系；同时，产业金融毕竟从属于金融，仍然在一定程度上反映了金融自身发展的需要，所以产业金融是联结产业发展和金融体系的纽带。其次，产业金融是在产业金融政策指导下的金融活动，因此产业金融与政策密切相连；同时又有很大一部分产业金融活动在一定市场规则下运行，虽然在不同的经济金融发展阶段、不同的产业金融活动中，政策和市场的比例会有所不同，但并不妨碍产业金融成为联结政策和市场金融体系的纽带。①

二　产业金融与传统金融的关系

传统金融主要是指只具备存款、贷款和结算三大传统业务的金融活动，简单来讲，传统金融就是货币流通和信用活动以及与之相联系的经济活动的总称，产业金融是指为特定产业服务的金融活动的总称。在企业的初创期，为了提高企业的生产规模、生产能力和技术水平，大部分企业都是通过商业信贷来筹集资金，传统金融在促进产业成长的过程中发挥重要作用。随着经营效益的提高，企业的竞争压力逐渐增大，传统金融机构里衍生出一些新的机构和业务（如政策性金融机构、投资基金业务等）来支持产业的发展。但是，传统金融出于资金安全的考虑一般都是为大型公司和政府支持的产业提供贷款，新兴产业（如高科技、文化产业、互联网行业等）融资困难，只有大力

---

① 马英俊：《产业金融理论与对策研究》，博士学位论文，上海社会科学院，2007 年。

发展产业金融，才能为新兴产业创造较好的融资环境，才能更好地促进产业的转型和升级，实现国家的产业规划和产业发展战略。

表4-1　　　　　　　　　　传统金融与产业金融的区别与联系

名称	联系	区别		
		与实体经济关联度	作用效果	作用原理
传统金融	传统金融和产业金融均以国家的产业政策为导向，为促进产业的发展提供融资服务	为产业提供商业信贷服务，传统金融衍生出来的新兴金融支持某些产业的发展，但是无全局性、宏观性、战略性	简单的中介性功能，仅作为金融工具，为大型企业提供资金支持，对新兴产业的发展帮助不大	银行主导的简单金融活动，为企业提供贷款，支持企业的自主发展
产业金融		服务于特定产业（如汽车产业、新能源产业、高科技产业等），满足产业的资金需求，加快产业的发展	金融成为主导性功能激励因素，引导资金、技术、人才流向特定产业，提高资源的配置效率，促进产业结构调整和升级	商业银行、投资银行、直接投资机构、融资租赁机构等金融部门将一些业务和发展转向实体经济，升级产业链，促进产业重组和转型

由表4-1可知，传统金融与产业金融之间既有联系又存在区别，它们都是以政府的宏观经济政策为导向，为产业的发展提供金融服务。但是，二者之间存在很大的差异，主要体现在与实体经济的关联度不同、作用原理不同和作用效果不同。

三　产业金融与产业政策的关系

所谓产业政策，是指有效配置资源、弥补市场缺陷的政策，即当市场的资源配置功能失效时，政府采取的一系列干预政策。其中，市场调节占主要地位，政府财政政策和金融政策起引导作用。例如，当市场恶性竞争导致资源分配不合理、经济效率低下时，政府为实现本国的经济目标和解决就业问题而实施的一系列宏观调控政策。又如，战略性新兴产业和高科技产业的发展需要国家的扶持，而市场无法合理分配相应的社会资源到该领域，政府必须出台相关的产业政策引导资金、技术、人才等要素向该领域流动。

金融是现代经济的核心，更是产业发展的轴心，产业金融的发展与产业政策有着密切的联系。产业政策是基础，脱离了产业政策，产业金融无从谈起。产业金融是产业政策得以成功实施的重要保证，产业金融服务的范围和发展的条件是制定产业政策过程中必须考虑的重要因素。

四　发展产业金融的必要性

发展产业金融的原因是金融市场的失灵，这种失灵可以分为两种情况：一是经济结构和金融市场本身的缺陷，市场经济失灵及金融资源的有效配置无法实现；二是从局部或短期来看，金融市场的有效配置可以实现资源的平衡，但这种平衡只是一个短期的平衡，从长远来看，是不利于金融市场发展的，在这种情况下，就需要通过政府干预金融市场来实现金融资源的有效配置。通过发展产业金融，可以解决产业发展和金融发展中的一系列问题，有效提高资源配置效率，充分发挥市场的基础调节作用和政府的战略调控作用。

发展产业金融的必要性主要表现在以下三个方面。

（1）产业金融促进产业经济迅速发展。在引入金融手段之前，企业通常依靠自己的商业信用来寻求资金，实现产品的生产和销售。但是，商业信用受企业本身的规模所限，不能无限供应，投资企业时需要综合考虑资金风险和企业的发展前景等因素，一般只支持与自己有经济业务联系的企业，因此具有很大的局限性。利用金融工具可以有效改善产业资本的循环使用，企业通过建立自己的财务公司或者金融控股公司，运用银行、证券、股票、基金等筹资方式，为产业的快速发展筹集资金。

（2）主导产业是产业金融存在和发展的主要载体。由于主导产业是国家产业政策的重点，关系国计民生，如交通运输、物流、汽车、装备制造业等，为了促进主导产业的发展，必须加大政府财政政策和金融政策的支持，为其提供充足的资金来源，引导产业转型和升级。金融机构不仅要为主导产业提供资金支持，还应提高金融资源的配置效率，支持企业创新和产业链升级，提高产业的国际竞争力，从而实现国家的产业规划和产业发展战略。

（3）新兴产业为产业金融的发展提出了新的课题。21 世纪国家综合实力的竞争归根结底是高科技、信息和人才的竞争，战略性新兴产业（如文化产业、物流产业、新能源汽车产业等）在国家经济发展中扮演着越来越重要的角色。由于高新技术产业具有高创新、高难度、知识密集及成功率低等特性，因而对高新技术产业的投资具有高风险、高收益和长期性等特点，银行信贷、发行股票很难为其提供过多的资金支持。但是，高新技术产业发展潜力巨大，一旦成功，将带来巨大的经济效益和社会效益，因此，为高新技术产业提供强有力的金融支持是产业金融发展过程中需要深入研究和必须面对的重大课题。

五　产业金融发展的条件

20 世纪 30 年代以来，现代金融体系的变革正沿着三个方向发展，即直接融资、放松金融管制和资产证券化，金融理念、业务实践和业务类型的创新为产业金融的发展提供了必要条件。从现代金融体系的变革方向入手，产业金融发展的条件可以总结为以下几点：

（1）直接融资的发展，成为现代产业筹集资金的主要方式。大型跨国公司通过股票、债券、投资基金等金融工具融资，商业信贷对其支持相对较少，通过直接融资可以最大化吸收社会游资，降低融资成本，从而获取更高的投资收益。另外，直接融资还有利于资金快速合理配置和提高使用效率，促进产业链的升级和经济跨越式发展。例如，美国纳斯达克证券交易所，完全采用电子交易，为新兴产业提供了便利的股票融资渠道。

（2）放松金融管制，为产业金融机构的发展提供了必要的制度条件。随着经济全球化进程的加快，金融市场的国际竞争压力不断加大，发达国家纷纷放松金融监管，促进产业资本和金融资本的相互融合，提高了金融机构的资金配置效率和国际竞争力。在此背景下，我国的一些大型国有企业集团也纷纷建立自己的财务公司、金融控股公司以及积极入股银行，通过产业资本向金融领域的流动，促进了金融变革，提高了产业资本的利用效率。

（3）资产证券化的发展，增强了资产的流动性，降低了投资风险和融资成本，满足了产业金融资本运营效率的要求。例如，在房地产金融服务中，通过实行住房抵押贷款证券化，将银行原有的住房抵押贷款转化为证券卖给投资者，银行新筹集的资金可以发放新的住房抵押贷款，拓宽了银行的融资渠道，大大提高了资产的流动性。①

第二节 产业金融发展的国际经验

一 以美国为例

作为世界上最发达的经济体，美国拥有世界上最完备的市场体系和金融制度，其采用的市场主导型产融结合模式向来被西方各国所推崇。只不过随着各国发展历程、发展阶段以及社会文化的不同，而演化出不同的分支模式。

（一）美国市场主导型产融结合模式的演变

所谓市场主导型产融结合模式，指的是资本市场在产业资本和金融资本的融通过程中起着基础性的配置作用，资本市场要发挥主要的导向和筛选作用，引导资本向市场需求最高的方向流动。也就是说，市场主体自主决定资本流动的方向、规模和时机。在市场主导型模式下，产业部门和金融机构都作为市场主体在资本市场上形成竞争关系，没有任何一方处于主导地位或严重依赖于另一方。各方的资本需求要通过多种渠道和技术来实现。例如，商业银行、投资银行、保险机构、产业部门都将成为资本提供者和输出者，遵循资本"保值增值和逐利性"的原则，从而实现资本运营。

由于美国的市场化程度较高，在自由竞争机制、价格机制的双重作用下，美国市场上的产融结合由产业企业发起，产业资本向金融资本不断渗透。同时，银行、基金、证券、保险等金融中介作为市场参

① 秦基财：《中国产业金融的发展思路及对策研究》，硕士学位论文，辽宁大学，2014 年。

与者并不占据主导地位，它们与企业一样，都是自主性极强的市场主体，在产融结合中具有平等的地位。产业领域的企业从 20 世纪 30 年代以来较少受到严格管制，因而在市场上具有较大的灵活性，自主意识较强，善于把握市场时机，可以充分利用股票市场、债券市场等直接融资方式获得资金。产业领域的企业在有融资需求时，并不依赖于某一金融机构，而是自主选择向银行贷款、发行本公司股票或公司债券。当有剩余生产能力时，它们也可以选择向金融市场投资，并没有政策约束。

此外，美国无论实行凯恩斯主义经济政策，还是新自由主义经济政策，在宏、微观层面上都强调自由竞争的市场经济。在经济发展中限制企业之间交叉持有股权可能导致的垄断，尤其是像对微软等超大型跨国公司，《反垄断法》对其有着极其严格的限制。美国之所以严格限制产业企业之间、金融机构之间或者产业企业与金融机构之间相互渗透股权，主要是为了避免形成垄断，因为无论是金融巨无霸还是产业巨无霸都会侵占中小企业的利益，有碍市场公平。

（二）美国发展产业金融的经验

第二次世界大战后，美国成为全球经济实力最强的国家，国民生产总值和对外贸易均排在世界首位，市场经济高度发达，这些都得益于美国的经济政策和金融政策。主要特征体现在六个方面：一是美国实行市场主导的直接金融模式，大中小企业自由平等竞争、并行发展；二是第一、第二产业的比重相对缩小，第三产业的比重快速上升，产业结构趋于优化；三是在区域经济发展方面，美国政府加大对落后地区的资助，支持新兴产业的发展；四是扩大进出口贸易，商品输出和资本输出并重，建立自由贸易区，经济国际化程度高；五是政府对经济活动的干预程度低，主要通过金融政策（财政政策和货币政策）、收入政策、社会保障与福利政策调节经济活动；六是具有健全的市场经济法律制度。

对于关系国计民生的大型企业，美国政府采取市场调节为主、宏观调控为辅的经济政策，建立健全了市场经济法律制度，对经济活动的干预程度低，充分发挥了资本主义市场的资金融通作用，通过股权融资、债券融资等方式促进了产业的发展。对于中小企业美国政府采取了一系列金融支持政策（见表4-2）。

表4-2　　　　　　　　　　美国中小企业的金融支持政策

支持机构		支持方式
证券市场	全国性证券市场	"AMEX" 以较低的上市条件为新兴中小产业提供融资服务
	地方性证券市场	为地方中小企业提供融资服务
	创业板市场	柜台交易（OTC）、全国证券交易商协会自动报价系统（NASDAQ）为中小企业尤其是高新技术企业提供融资服务
商业银行	大型商业银行	为某些地区的中小企业提供少量的商业贷款
	城市商业银行	为本城市一定社区范围内的中小企业提供融资服务
中小企业服务机构	小企业管理局	制订各种资金援助计划，弥补企业信贷缺口；为中小企业提供融资担保，鼓励银行贷款；直接提供小额贷款
	小企业委员会	
	金融投资公司	小企业投资公司，创业投资公司以低息贷款或购买该公司证券的方式为中小企业提供融资服务，引导民间投资
	美国进出口银行	为中小企业出口商提供信用担保及风险担保，同时向购买美国产品的外商提供直接或间接贷款，促进美国产品外销
	政策性投资基金	《小企业投资法》《小企业创新研究计划》《新兴市场风险投资项目》为中小企业提供融资服务
	政策性贷款机构和项目	小企业管理局为中小企业提供小额贷款

由表4-2可知，美国对中小企业提供金融支持服务的方式主要有三种：一是建立贷款担保体系，设立小企业管理局；二是鼓励风险投资，设立风险投资基金和风险投资公司；三是通过证券市场和商业银行融资。总体来说，美国主要采用市场主导直接金融模式推动了产业金融的发展，商业银行、证券公司、保险公司和产业服务机构也为产业融资提供了服务，提高了资金的利用效率，而政府在产业金融发展中只是起到了引导作用。

（三）美国市场主导型产融结合模式对我国的启示

市场主导型产融结合模式在各种产融结合模式中的效率应该是最

高的。但这也需要必要的前提条件来支撑其顺利运行。通过对美国市场主导型产融结合模式的梳理与分析，可以带给我们以下启示。

1. 市场主导型产融结合需要充分竞争的市场体系作为其运行载体

以美国为例，采用市场主导型产融结合模式，是因为其股票、债券市场在 19 世纪末就已经非常发达，市场在产业资本和金融资本融合过程中发挥着基础性作用。后来发展起来的商业银行、投资银行、保险公司等金融机构在世界范围内具有强大的竞争力和活力。并且，随着金融产品和金融工具的创新，美国日益将整个世界的金融资本纳入其运行框架的影响力之下。时至今日，全球经济发展模式都或多或少地受美国的制约和影响。

而我国，市场经济建设只有短短几十年，市场体系的完备性和市场机制的作用范围都无法与发达国家百来年的积淀相比拟；况且，我国产业资本和金融资本无论从规模上、结构上，还是从布局的合理性上，都带有明显的中国特色，当前尚无法直接采用市场主导的产融结合模式。

2. 强有力的资本市场体系是市场主导型产融结合的保障

美国作为高度市场化的国家，政府不随便直接干预市场对要素和资源的配置，多数企业都选择在资本市场上直接融资。在产融结合高速发展的 20 世纪 70—90 年代，美国直接融资占资本市场存量的 60% 以上，而股票市场上的融资则高达 30%—40%。而且美国债券市场一度极其发达，商业银行、投资银行等也为不同风险偏好、不同规模需求的融资主体提供了多样化的可供选择方案。风险投资基金等为中小企业、高新技术企业的兴起提供了契机和可能性。

我国目前的资本市场正处于初级发展阶段，不仅各项制度法规尚不健全，单就规模和存量也都难以满足日渐兴起的产融结合大潮的需求。基于此，包括我国国有资本在内的很多大型企业，在进行产融结合的过程中不得不选择香港或海外市场作为资本融通的目标市场。

同时，我国对产融结合的管控严苛，这也使产融结合过程中许多高风险高回报的项目难以开展。不远的将来要实施发行的 IPO "注册制"，应该是产融结合的重大利好消息。这样一来，企业才能真正成为自主决策的市场主体。过度的保护或许能够抑制危机的发生，但同时也对经济的发展造成了一定程度的约束。

3. 市场主导型的产融结合是我国产融结合未来的发展方向

美国多是围绕经济发展目标来引导市场选择新兴产业，以间接的监管调控手段来影响市场主体做出选择。而我国通常采用直接的管控手段，比如对某一产业进行财政补贴，对某一行业放松限制等。由于政府宏观调控方式的不同，使市场主导型产融结合模式在我国难以实施。然而，我国走的是社会主义市场经济建设之路，归根结底还是要发展市场经济，要让市场在资源配置中起决定性作用。这是我国经济未来的发展方向，也是我国产融结合未来的发展方向。只有最终发展到市场主导产融结合，才能真正为国有资本的运营和保值增值，提供新的发展道路。[①]

二 以德国为例

与美国的市场主导型不同，德国的产融结合是在银行主导下发展起来的。第二次世界大战后，德国根据《波茨坦公告》的要求，解散了一些大型垄断财团，使垄断资本的实力日趋削弱。然而，随着德国产业资本与银行资本的集中加剧，逐渐形成了垄断，两者相互融合、互利共生的产融结合得到了进一步发展。

（一）德国银行主导型产融结合模式的演变

德国的银行法对银行的设立和发展并无过多的限制和约束，对银行机构在实体企业中拥有股权也无明确的限制，因此，商业银行在进行资本运营时也充分利用了战后德国经济复苏的巨大市场需求，在实体企业中进行股份参与，实施人事渗透。吴大琨在《金融资本论》中就注意到了这一现象，即德国银行不仅垄断了金融市场上有价证券的发行和转让，还直接参股和控股工商企业。如仅以1985年为例，德意志银行持有西门子电气公司21.4%的股权，持有曼纳斯曼公司25%的股权；德累斯顿银行持有大众汽车公司15%的股份，持有克虏伯公司25%以上的股份；商业银行在费巴公司参股20%，是该公司

---

① 臧玉荣：《国有资本产融结合研究》，博士学位论文，中共中央党校，2015年。

的大股东之一。① 从以上可以看出，德国三大商业银行通过参股控制
了包括电气、汽车等在内的多个产业领域最有竞争力的公司，进而影
响到整个德国经济的发展。

不仅如此，由于没有限制性条款和政府的鼓励，德国的银行通过
派遣董事的方式直接参与工商企业的决策，从而在工商企业的发展中
发挥了更大的影响力。梳理分析 1983 年德国各大银行人事渗透工商
企业的情况可以看出，德国银行非常注重派遣代表兼任董事长或监事
会主席，从而便于直接发挥对工商企业的控制力。如德意志银行、德
累斯顿银行、商业银行、巴伐利亚银行、慕尼黑银行等在 90 家大公
司占有 195 个董事会席位、46 个名誉主席席位以及 30 个名誉副主席
席位。

德国全能银行模式产融结合，是以整个银行业为主导的资本运营
模式。与日本主办银行模式不同，德国的银行与工商企业间的定向联
系相对松散。也就是说，银行机构与工商企业之间能否形成产融结合
关系全凭市场的双向自由竞争形成。

（二）德国发展产业金融的经验

第二次世界大战后，德国国民经济遭受重创，基础设施损坏严
重，交通严重受阻，国民生产总值不到战前的一半，经济濒临崩溃的
边缘。在此背景下，德国不可能实行美国自由资本主义市场经济制
度，只有集中有限的人力、物力、财力，才能恢复和发展生产力。因
此，德国实行国家调节的资本主义市场经济制度，通过完善的法律法
规和金融政策来支持产业的发展。

随着产业经济的发展，工业化进程逐步加快，德国的产业、商业
对长期信贷资金的需求加大，而德国的资本市场并不发达，因此，只
有通过银行长期存贷资金才能满足企业的资金需求。20 世纪 60 年代
前后，德国政府先后颁布了《联邦银行法》和《银行法》，鼓励银行
参与证券、保险、信托等业务以及投资工商企业，形成了银行资本与
产业资本产权交融、交叉持股混业经营的全能银行金融体制。

---

① 吴大琨：《金融资本论》，人民出版社 1993 年版，第 193 页。

　　由于全能银行高效的金融资源配置作用，德国的产业得到了迅速的发展，迅速成长为世界经济强国，作用方式主要表现为：企业外部融资主要依赖银行贷款，银行不仅为企业提供直接贷款，而且帮助企业发行股票和债券，银行可以经营证券、保险等金融业务，对工商企业参股和控股，代理股东投票，在公司监事会中占有席位，监督公司管理者的投资决策。德国主要银行纷纷成立投资公司，参股大中小企业，虽然有的企业持股较少，但仍然为中小企业的发展提供了资金支持。据不完全统计，截至 20 世纪末，德国企业发行债券筹集资金仅占其资产总额的 2.2%，而向银行贷款的资金占其资产总额的61.5%，这表明，德国的银行与企业的关系相当密切而稳定。

表 4-3　　　1991 年德国最大 10 家制造业公司的银行持股比例

最大 10 家制造业公司	持股银行	银行持股比例（%）
戴姆勒—奔驰公司	德意志银行	28.5
拜尔公司	Banken und Versicherungen（银行保险公司）	38
大陆橡胶公司	德意志银行	28.5
Linde 公司	德国商业银行	大约 10
Schering 公司	Banken und Versicherungen（银行保险公司）	23
Heidelberger Zement 公司	德累斯顿银行	大于 25
Didier - Werke AG	德意志银行	大于 25
Brau und Brunnen 公司	Hypobank 银行	大于 25
凤凰公司	德累斯顿银行	大于 25
Holsten Brauerei 公司	汉堡社会银行	大于 25

注：这些制造业公司根据销售额排名。

资料来源：德国商业银行，"Who Belongs to Whom?"，1991 年年度资料。

　　由表 4-3 可知，德国的银行通过参股控股大型制造业公司，不仅为产业发展提供了融资服务，还通过监督公司管理者的投资活动，较好地实现了德国的产业规划和产业战略。

（三）德国银行主导型产融结合模式对我国的启示

德国银行主导型产融结合模式在一定程度上获得了成功，通过分析其演变的过程和对其发展经验的总结，可以得到以下启示：

1. 银行深度参与公司管理，交易关系相对稳定

从上面的分析可以看出，德国银行一旦投资参股某一公司，则会在其中占有较大的持股比例，这自然就属于能够发生重大影响的投资模式。所以，银行通常会在公司的经营和治理结构中处于重要的地位。由于传统上银行多会向持股公司派遣监事、董事等，能够及时掌握持股公司的内部信息，从而有效地对公司进行经营和治理等方面的指导和监督。正是因为相互融合的程度较深，通常德国银行在持有公司股票后会在很长的时期内与之保持稳定的关系，一般不会对公司股票频繁换手。

从公司长远发展来看，能够保持稳定的资金融通渠道，显然也是产融结合战略的首要目标。并且，产业资本在转向金融市场时，还可以获得来自银行业的专业监督和指导，增加了产业资本抵抗风险的能力，弥补了产业资本向金融资本战略转移时的短板问题。

2. 银行在企业的直接股权投资，需要相对宽泛的制度保障

德国法律规定，银行可以直接投资工商企业，在工商企业中持股只要不超过银行自有资本的50%就是允许的。从银行资本的角度来监管银行业在工商企业的资本运营，显然给银行业参与工商企业的管理预留了足够的制度空间。因而金融机构能在资本运营方面具有更大的自主权和灵活性。也就是说，全能银行模式的实施，必须要具有宽泛的法律制度保障才能够顺利进行。

3. 银行直接参与企业决策，委托投票权是其制度基础

在德国，银行通常都会对选中的极具市场竞争力的企业进行较大份额的投资。不仅如此，银行一般都拥有超越股权以上的投票权。这是因为德国行使产权管理的成本很高，许多银行以外的投资者有鉴于此多不重视直接对所持有股票的投票权，专而委托银行代理行使投票权。这种委托代理投票制度就使多数非银行机构股权向银行手中汇集，从而为银行能够在所持股份企业掌握超额投票权确立了制度

基础。

而我国，对银行业直接投资实体行业有着严格的限制，而且资本市场的欠发达也没有形成代理投票的机制，银行业对产业领域的直接影响力自然就相对薄弱了。

4. 全能银行制保证了银行通过人事参与对企业实施控制

德国的银行由于拥有具有重大影响的股权，同时又掌握着超额的投票权，所以通常都会向参股企业直接派遣人员，通过人事参与来直接或间接控制企业的融资，从而在企业治理、发展决策等方面施加相当重要的影响。

德国企业的最高决策机构是监事会。银行对企业取得控制权的主要方式就是在监事会中占有席位。通常，银行在公司拥有 10% 以上的股份就要求在监事会中占有一个席位，从而对企业发挥具有实质性的影响力。①

三　以韩国为例

一个国家的产融结合模式与其既定的融资方式、制度结构密不可分。当前在世界范围内代表性的产融结合模式有三类，分别是英美的市场主导型、日德的银行主导型和新加坡、韩国的政府主导型。一个国家产融结合模式的选择受其经济发展现状、金融体制及融资模式、法律及制度环境等诸多因素制约，不同的产融结合模式有不同的经济效率。

每一种产融结合模式的形成和发展都有其特定的历史、文化和经济背景，而且整个过程都有与之相适宜的融资制度、金融结构做依托，任何试图简单照搬的做法都是不可行的。历史实践经验表明，市场主导型和银行主导型是比较成功的产融结合模式，但它们也存在受经济发展、金融结构、法律税收因素制约等一系列问题。而韩国的经济发展奇迹则表明了政府主导型产融结合模式的可行性，对那些市场机制相对薄弱但又试图短期内实现经济腾飞的发展中国家有一定的借鉴意义。

---

① 臧玉荣：《国有资本产融结合研究》，博士学位论文，中共中央党校，2015 年。

政府主导型模式是东亚国家在经济发展过程中逐步形成的一种产融结合模式，它重视政府在推动经济增长中的作用，以弥补市场机制的不足，因此政府主导型模式又被人们视为东亚经济取得快速发展的"奥秘"。该模式下，政府在储蓄—投资转化中起支配地位。一方面，保持对国内金融部门的有效控制，直接或间接地对银行决策施加影响；另一方面，以国家产业政策为指导，把信贷资金分配与政府扶持的产业有效对接，从而实现产业结构调整和经济增长的目的。自1962年以来，经过短短几十年，韩国便从贫穷落后的农业小国发展成为发达国家、亚洲"四小龙"之一、20国集团成员之一的世界主要经济体。这一经济发展奇迹无疑和它实行的政府主导型产融结合模式有着密不可分的关系，尽管目前韩国经济仍存在不少问题，但其发展的经验和教训值得我们去认真学习和总结。

（一）韩国产业金融的发展阶段

韩国产业金融的发展，大致经历了以下三个主要阶段：

第一阶段（韩国光复后至20世纪70年代）是以政策性金融为中心的产业金融。为了战后重建及经济发展，在以政府为主导的经济发展政策引导下，韩国开启了政府主导型产业金融模式。鉴于当时韩国国内资本储蓄不足和金融市场发展不完善，政府通过设立产业银行等政策性金融机构来解决长期金融需求不足的问题。

第二阶段（20世纪80年代至1997年亚洲金融危机前）是以商业银行为中心的自律型产业金融。20世纪80年代以后，随着政府性金融机构民营化及自律化的促进，自律型产业金融得到进一步发展。尤其随着以商业银行为中心的产业金融体系的建立，政策性金融机构所占的比重逐步缩小，民间金融所承担的作用越来越大。

第三阶段（1997年亚洲金融危机后）是以投资银行业务开始扩大的产融结合阶段。1997年亚洲金融危机后，韩国经济受到较大冲击，随着金融行业兼营化、资本自由化及企业金融需求多样化的形成，韩国政府实施了以市场为中心的一系列积极政策，投资银行业务开始得到大的发展。

（二）韩国产融结合的主要模式

从韩国产业金融演变的动态来看，20 世纪 50 年代，政府将有限的资金主要用于进口生活必需品等，以稳定经济和改善民生，缓解国际收支赤字。20 世纪 60 年代，韩国政府实施出口导向型发展战略，大力扶持制造业发展，在产业政策和信贷资金支持下，与之相关的产业、企业得到快速发展，该时期内间接融资一直是企业最主要的融资方式。20 世纪 80 年代后，伴随着韩国金融市场化改革，政府有意地限制了企业对银行贷款的过度依赖，使投资银行和证券市场得到较大发展，外资和证券融资逐渐成为企业对外融资中不可缺少的重要途径。同时在投资决策上，政府适时对银行施加影响，来确保储蓄资源配置符合国家产业政策的方向。

韩国作为实施政府主导型产融结合模式的典型国家，政府始终在金融资源配置中发挥主导作用，其主要特征是政府保持对国内金融部门的有效控制，直接或间接地对银行决策施加影响，通过信贷分配以及与之相关的投融资政策，引导资金的流向，确保稀缺的金融资本配置到符合产业政策方向的目标企业和投资项目中去，以实现经济结构调整和经济增长，其中信贷配给与限额管理、低利率政策等都是实施金融控制的主要手段。韩国之所以采取政府主导的产融结合模式，原因在于重视政府在推动经济增长过程中的作用，通过政府干预来弥补市场机制的不足。例如，投融资决策方面，韩国政府实行了一系列"金融抑制"或"金融约束"政策，来确保稀缺的储蓄资源能够配置到战略性产业中。另外，早在 1996 年，韩国就建立了自己的二板市场——KASDAQ，为知识密集型、高附加值的高科技新兴企业的直接融资提供了有利条件。

韩国政府主导型产融结合模式成功的关键因素之一还在于 1954 年成立的韩国产业银行，它是韩国唯一的政策性金融机构，成立之初的目的是恢复战后国家经济，为经济发展提供长期资金支持。长期以来，韩国产业银行作为韩国政府的代表，在国民经济和金融产业的发展过程中扮演了引导者的角色，主导了产业金融的发展。回顾韩国产业银行的发展历程不难发现，其不是简单的供应链金融，更像是在打造金融生态圈，它遍布于世界各地主要金融市场，利用长期积累的丰富经验和专业知识为企业提供资金支援、资金中介、金融咨询和商业分析等综合性金融服务，为韩国产业金融的发展发挥了重要的作用。

（三）韩国大企业财团的产融结合模式

从 20 世纪 40 年代末起，韩国的民族工商业者通过购买归属财产和美国的物质援助获得了快速发展，形成了三星、东洋等最早的一批财阀。20 世纪 60 年代初，政府通过鼓励出口贸易等一系列宏观经济政策的调整，促使韩国财团进入了快速成长期。截至 1997 年年底，韩国前 30 家大财团的生产总值约占韩国国内工业总产值的 70%。1997 年亚洲金融危机后，韩国财团遭受冲击，经过一系列改革重组，形成了以三星、LG、SK、现代为代表的韩国"新财团"。2015 年，韩国"新财团"中共有 10 家下属企业上榜美国《财富》杂志世界 500 强。

韩国大企业财团从萌芽到发展壮大，整个过程都离不开产融结合，这种大企业财团的产融结合本质上是一种业务多元化战略，且这种业务多元化兼具相关多元化与不相关多元化的属性。所谓相关多元化属性，是指大企业集团的金融服务具有规模大、数量多、频率高、个性化要求高的特点，通过集团内部设立金融企业可以有效地为集团业务服务，提高集团主业的竞争力。而不相关多元化属性，则是指由于处于不同行业，可以有效地分散行业系统性风险，同时因具有不同行业特性，通过业务统筹，可以形成规模、效益、周期等优势互补。就韩国大企业财团的产融结合实践来看，产融结合模式为整个集团的发展所提供的助力不外乎两种。首先，通过产融结合，可以整合集团内部的金融资源，并针对集团主业需求展开金融服务，提高主业竞争力；其次，通过产融结合，在金融市场上占有一席之位，让金融业务也成为集团主要业务板块之一，为集团贡献新的效益增长点。

以韩国最大的企业财团三星为例，其旗下产业涉及面广，产融结合呈现多元化特点。早在其金融板块起步之初就已经在积极进行外部市场开拓，在 1952 年成立了安国财险，开始了其金融业务多元化的初步尝试。随后三星集团凭借其在半导体通信等科技产业领域获得的巨大利润和树立的良好品牌形象，大力发展自己的金融业务，通过整合集团内部金融资源，减少外部融资损耗，提高了集团的整体竞争力。目前，三星金融作为三星集团重要的产业板块之一，旗下金融产业涉及财险、人寿、信托、证券、信用卡、风险投资等多个领域，并且在各领域都做到了行业前列，金融板块收入也已超过集团收入的20%，实现了金融业务的多元化和高收益。三星的金融业务之所以能够发展壮大，归功于三星集团将金融作为一个独立的产业，并且是作为集团的重要业务板块之一去经营，其在股权结构上处于绝对或相对控股地位，且和集团其他业务的关联度不高。而在金融板块内部，其又涉足多个子行业，通过发挥各个子行业间的协同效应，将金融板块做大做强。以三星最早收购财险公司为母公司提供运输保险服务为例，一开始发展金融业务均以服务内部、促进自身产业发展为目的，到后来在积累了行业经验和人力、财力后，转而将金融业务作为独立的板块去经营。该模式既提高了集团的整体竞争力，降低了金融行业的高杠杆、高风险，又实现了产业与金融业间的业务协同、资本协同、战略协同，最终形成了大企业集团特有的产融结合模式。

（四）韩国中小企业的产融结合模式

韩国中小企业数量众多，在国民经济中有着举足轻重的地位。截至 2015 年年末，韩国中小企业总数达 294.8 万家，占韩国全部企业总数的 95%，中小企业从业人员 1038.5 万人，占从业人员总数的86.7%。历史上，韩国中小企业的发展经历了资金短缺、举步维艰的困难时期，为突破融资渠道不畅的"瓶颈"，20 世纪 80 年代以来，韩国出台了《中小企业创业支援法》等一系列支持中小企业发展的政策法规，同时在政策性金融方面也采取了相应的措施，加大了对中小企业的资金支持力度。该时期韩国中小企业的融资以外源性资金为主，资金主要来自金融机构。90 年代中期以后，随着风险资本市场和科斯达克（KOSDAQ）市场的发展，风险资本作为融资渠道的作用逐渐得到加强。为了促进中小企业更好、更快发展，韩国政府还采取了一系列政策措施，鼓励和引导银行和非银行金融机构加大对中小企业的贷款额度和提供其他特色金融服务，在增大资金支持量的同时降低中小企业的资金使用成本，从而培育出了中小企业特有的、政府引导型的产融结合模式。促进韩国中小企业产融结合的政策措施可总结为以下几点：

1. 政府政策性贷款的支持

政策性贷款主要由政府部门的政策性基金提供，通过专业银行向具备获得政策性贷款资格的中小企业发放，与一般性贷款相比，在贷款规模、期限、利率等方面都具有诸多优惠。1986 年，韩国政府根据《支援中小企业创业法》设立了中小企业创业基金，对具有高新技术和出口潜力的中小企业给予政策和资金支持。与此同时，韩国政府还要求国民银行、中小企业银行和中小企业振兴公团等机构设立创业基金，通过各种金融手段支持中小企业创业。1989 年《关于中小企业稳定经营和结构调整特别措施法》颁布后，韩国政府设立了中小企业结构调整基金，向依法进行生产结构调整、从事高新技术研发的中小企业提供贷款支持。此后，韩国政府扶持中小企业发展的政策性基金数量呈不断上升趋势。与政策性基金相对应，1990 年起韩国政府预算中用于支持中小企业发展的预算也呈不断上升趋势。2000 年，韩国政府拨款 1000 亿韩元设立了韩国风险投资基金，进一步加大了对中小企业的资金支持力度。截至目前，韩国各政府部门共设立了 90 多种政策性基金，每年可向中小企业提供约 4.9 万亿韩元（约合 290 亿元人民币）的资金，专门用于支持中小企业的发展。这些资金并非直接发放给有融资需求的中小企业，而是以借款形式提供给指定银行，指定银行在该借款利率基础上追加 1 个至 1.5 个百分点向中小企业提供贷款，利差则为指定银行的收益。

2. 地方政府、官办非营利性机构、民间团体对中小企业的扶持

韩国《中小企业创业支援法》规定：中小企业成立两年后，可以通过地方政府的"地方中小企业培育基金"，申请年利率 7%、期限 8 年的创业资金支持。韩国政府为了支持中小企业的发展，还制定了《中小企业振兴法》，并在该法律的基础上专门设立了非营利性特殊法人——"中小企业振兴公团"，该公团的董事长由总统任命，预算全部由政府拨款，成立的目的是为韩国国内的中小企业提供资金支援、

经营指导、人才培训、国际合作等一系列服务。长期以来，"中小企业振兴公团"不仅为韩国的中小企业提供了优化结构、人才培养、协助中小企业开拓海外市场等服务，更重要的是为了解决中小企业资金短缺问题，还发行了中小企业债券，以购买股权的形式向中小企业提供发展所需的资金，当中小企业发展到一定规模时将股权变现，再将变现资金投向其他初创中小企业。另外，在技术革新方面，韩国"中小企业振兴公团"筹集了 4 兆韩元，以与创业基金同等的期限和利率条件，为中小企业的工厂自动化提供资金支持。

3. 韩国中央银行（韩国银行）的金融支持

韩国银行鼓励商业银行等金融机构对中小企业开展贷款业务，除了在信用总量和贷款利率上给予优惠外，还规定了商业银行等金融机构对中小企业贷款的最低比例，如全国性商业银行为45%，地方性商业银行为60%，外国银行分行为35%（约有25%的外国银行分行在韩国不受这一比例限制）。另外，韩国银行还将商业银行等金融机构对中小企业的贷款力度作为其再贷款优惠利率的考核指标之一。

4. 建立信用担保体系

韩国政府针对中小企业资信较弱、担保能力不足，较难取得银行贷款的状况，建立了针对中小企业的信用担保体系，成为全球实施中小企业信用担保计划最早的国家之一。通过该信用担保机构，中小企业可以更容易获得银行贷款。

5. 发展风险资本市场，改变中小企业融资方式单一化

尽管韩国的风险投资早在 20 世纪 90 年代初就已经出现，但一直发展缓慢。1996 年，韩国政府参照美国纳斯达克市场，建立了自己的二板市场——KASDAQ（科斯达克）市场，为知识密集型、高附加值的高科技新兴公司及中小企业的直接融资提供了便利，同时也为寻找高风险、高回报的投资者提供了新的投资渠道，对中小企业的外源性融资起到了促进作用。1998 年后，韩国的风险资本市场开始进入快速发展期。目前，韩国风险资本市场在 OECD 国家中位居前列，新兴高科技中小企业普遍能够得到风险资本的支持。

（五）韩国产融结合模式的成功经验

1. 健全的金融体系

近年来，在韩国政府的调整下，韩国的政策性金融机构演化成政策性银行和金融公库组成的政策性金融体系。以高新技术产业为例，作为直接影响韩国科技产业走向的重点产业，得到了政策性金融机构大量直接信贷配给。此外，作为高新技术产业中占比较高的韩国科技型中小企业，信用担保与信用保险一直是其融资难的"瓶颈"，为此韩国政府建立了信用担保法律体系、结构体系和风险补偿三位一体的中小企业信用保证体系，较好地解决了科技型中小企业融资难问题。

2. 多元化的融资渠道

韩国产业融资渠道多元化。首先政府通过国有政策性银行、商业银行等为高新技术企业提供政策性财政贷款和低利率超额商业贷款，增加货币供给量；同时人为实施低税率政策，引导投资者将大量资金投入到高新技术产业以促使其短期内快速发展；此外，韩国还构建了发达的资本市场体系，包括主板市场、中小板市场及新兴的创业板市场和OTC店头市场。主板市场主要为科技型大企业进行股权融资；而中小板市场、创业板市场和OTC店头市场则主要为科技型中小企业进行融资。

3. 风险投资机制的建立

以高新技术产业为例，其属于高投入、高风险和高收益的"三高产业"，为了更好地为高新技术产业提供金融服务，韩国政府建立了风险投资机制，风投市场的形成也加速了资金向高新技术产业的聚集。同时为了规避风险，韩国政府采取了一系列措施，如《中小企业信用保险法特例》等政策法规的出台，风投公司的重组优化，天使投资、海外投资的引入等，进一步完善了风险投资机制，拓宽了资金来源渠道。

（六）韩国产融结合模式对我国的启示

实现产融结合必须要控制金融风险，鉴于我国国情的特殊性，目前还不适合推行全面的金融混业经营，但可以采取局部开放的方式，通过设立分业金融机构和金融控股公司，或者设立投资公司、贷款公司之类的金融组织，把资金的供求双方有效对接，充分吸收和高效利用社会民间资金，既可避免大量社会民间资金的闲置，又可解决中小企业资金短缺的矛盾。通过以上对韩国大企业财团和中小企业产融结合模式的分析，我们认识到，当前我国需要在产融结合模式及金融监管等多方面加强探索，无论是在政策指引上，还是在金融市场的培育方面，既需要扶持更多的大企业集团乃至财团的诞生来增强我们企业和国家的整体竞争力；又需要加大对中小企业的金融支持力度，拓宽中小企业的融资渠道。韩国产融结合模式对我国的启示可以总结为以下几点：

1. 韩国产融结合模式对我国大企业集团的启示

一是推进大企业集团的发展，强化大企业的"核心"功能，逐步实现"中心—外围"体系的产融结合模式。

韩国财团的发展演变对我国发展企业集团有着积极的借鉴意义。我国目前有 6000 多家企业集团，但绝大多数规模小，同国外大企业集团相比实力差距悬殊。从韩国的发展经验来看，借助政府之力，实行产业集中政策，已经成为后发达国家培育本国支柱产业和优势企业集团的有效途径。当前，我国的资本市场发展不足，产权交易也受到客观条件制约，政府可以通过制定相关法律法规，出台一系列优惠政策和配套措施，根据宏观经济发展的需要促使企业集团之间进行兼并、收购、重组，加快培育各行业的龙头企业集团，并进而借助大企业集团的发展带动周边产业链和区域经济的联动发展，提升我国经济的整体竞争力。

二是加强政府引导、适度金融支持、审慎多元化。

韩国财团的发展变化同时也给我们留下了深刻的教训，这其中既有政府方面的，也有企业方面的。政府方面，由于政府对企业的过度干预和金融支持，导致企业过度依赖政府，金融危机爆发时使财团一损俱损。韩国的教训提醒我们，政府的作用应体现在产业政策制定、行业发展指引和竞争环境维护等方面，不能对企业大包大揽，行政支持只能是导向性的，不能代替市场机制的作用；另外，政府对企业的金融支持也要适度，要审慎对待企业集团的多元化。企业方面，由于一些企业集团的盲目扩张、过度多元化导致了投资膨胀、资金短缺、产业定位不明确等一系列严重后果。因此，韩国财团那种涉足太多领域、非关联多元化的做法是不可取的，我国的企业集团应从中吸取教训。

三是促进产融资本的有效结合。

韩国的"官治金融"是造成其财团大量瓦解的重要原因，我们在吸取韩国教训的同时要探索符合我国国情的产融结合新模式。从我国金融分业经营与分业监管制度来看，发展企业集团的产融结合难度较大，但在实际发展过程中，已经出现了一些产融结合的大企业集团，如中信、光大、海尔、万向、新希望、泛海等。从韩国、美国、日本的财团发展模式来看，产融结合是其必然的选择，当前在我国，大企业集团的产融结合需要推进，但在推进的过程中要充分发挥协同经营效应、范围经济效应和规模经济效应，同时克服信息风险、道德风险，促使企业集团健康快速发展。

2. 韩国产融结合模式对我国中小企业的启示

一是政府主导、机构参与缓释中小企业融资困境。

我国企业的融资难问题主要集中在中小企业，随着银行等金融机构风险防范意识逐渐增强，信贷业务不断调整，在企业抵押物不足且金融机构无法分享企业高收益的情况下，风险和收益的不对称性导致中小企业获取贷款难度增加。为解决中小企业融资难问题，我们可借鉴韩国经验，制定一系列支持中小企业发展的政策法规，鼓励和引导银行和非银行金融机构扩大对中小企业的贷款业务，在贷款总量和利率优惠上都加大对中小企业的支持，满足中小企业资金需求的同时降低中小企业的资金使用成本。另外，针对中小企业资信较弱、担保能力不足的状况，可参照韩国建立针对中小企业的信用担保体系，加大对中小企业的扶持，解决中小企业的融资困境。

二是健全政策性金融扶持体系，弥补商业性金融"短板"。

目前，我国中小企业融资服务机构大多是地方性或部门性组织，规模小且覆盖面窄，缺乏跨区域或全国范围的政策性金融扶持体系，难以满足中小企业日益增长的融资需求。针对该现状，我们可以借鉴韩国经验，设立多样化的政策性基金，专门用于支持中小企业的发展。与此同时，政府还可协调商业银行和非银行金融机构等设立创业资金，通过多样化的金融手段支持中小企业创业。

三是构建金融发展基础设施，完善多渠道融资机制。

以高新技术产业为例，当前的融资渠道主要集中在科技贷款，诸如证券融资、信用担保、风险投资等其他融资方式在国内尚未形成规模，现阶段发挥的作用十分有限。为改变此现状，我们可以借鉴韩国经验，引入担保基金模式，完善担保体系，推进债券融资、股权融资模式的发展，同时大力发展风险资本市场，逐步完善中小企业融资机制，实现中小企业融资渠道的多元化。

第三节　产业金融发展的国内经验

一　以海尔集团为例

（一）海尔集团简介

海尔集团的历史源头最早可以追溯到20世纪80年代初青岛的一家小型家电集体企业——青岛电冰箱总厂。那一年张瑞敏接任厂长时，它由于经营效益不好，已经处于资不抵债、风雨飘摇的境地。然而30余年后的今天，海尔不断做大做强，现已成为全世界最大的家电制造企业之一，是全球大型家电第一品牌。

在中国经济增长放缓的大环境下，海尔集团依然高歌猛进、快速发展。2016年海尔全球营业额实现2016亿元，同比增长6.8%，利润实现203亿元，同比增长12.8%，利润增速是收入增速的1.8倍。海尔近十年收入复合增长率达到6.1%，利润复合增长率达到30.6%，利润复合增长是收入复合增长的5倍。互联网交易产生交易额2727亿元，同比增长73%，既包含海尔产品也包括社会化的B2B、B2C业务。2017年1月10日，世界权威市场调查机构欧睿国际（Euromonitor）正式签署发布的2016年全球大型家用电器品牌零售量数据显示：海尔大型家用电器2016年品牌零售量占全球市场的10.3%，居全球第一，这是自2009年以来海尔第8次蝉联全球第一。此外，冰箱、洗衣机、酒柜、冷柜也分别以大幅度领先第二名的品牌零售量，继续蝉联全球第一。海尔在全球有10大研发中心、21个工业园、66个贸易公司、143330个销售网点，用户遍布全球100多个国家和地区。

梳理海尔集团的发展历程，可以划分为品牌战略发展阶段（1984—1991年）、多元化战略发展阶段（1991—1998年）、国际化战略发展阶段（1998—2005年）、全球化品牌战略发展阶段（2005—2012年）、网络化战略发展阶段（2012年至今）五个重要的企业发展阶段。30多年来，海尔一直都是"时代的企业"，每个阶段的战略都是紧跟时代的发展潮流。

随着海尔集团规模的不断扩大，它从生产电冰箱起家，现已发展到家电、数码、IT、地产、金融、物流、生物等多个关于国民生活的产业领域。回顾海尔发展历程，它的成功离不开"人"的价值实现，让每一个员工为用户创造价值的同时也实现了自己的价值。

2015年海尔进入全球品牌Top100并位列第82位，并且在白色家电领域海尔是当之无愧的No.1。海尔荣誉出品的电冰箱、洗衣机、电视机、热水器等产品是中国国家质检总局评选的第一批中国世界名牌产品。表4－4是海尔集团在2015年所获得的部分荣誉。

表4－4　　　　　　　　　2015年度海尔集团所获荣誉一览

时间	荣誉
2015年6月16日	2015年（第十二届）《中国500最具价值品牌》排行榜家电行业榜首
2015年6月15日	中国轻工业百强榜首
2015年5月28日	2015年最佳中国品牌价值排行榜家电行业品牌第一
2015年4月16日	张瑞敏荣获2015年美国最佳实践研究所（BPI）颁发的"杰出首席执行官"奖项
2015年4月9日	海尔集团荣获第三届中国工业大奖
2015年1月27日	海尔集团《网络化战略下按单聚散的人力资源管理》获得企业管理现代化创新成果一等奖
2015年1月21日	海尔魔方荣膺高端家电"红顶奖"
2015年1月18日	海尔入选中国自主品牌百佳企业
2015年1月7日	海尔魔方获"全球空气家电科技创新引领奖"

然而，海尔集团并不满足于现有的发展成就，作为中国企业的一面旗帜，海尔集团再一次紧跟潮流，于2012年正式步入网络化战略发展阶段。以互联网技术为纽带完成了"互联网＋工业""互联网＋住居""互联网＋文化"的产业布局，实现了海尔集团产业领域的全覆盖。

（二）海尔集团产融结合的发展历程

1. 产业资本积累阶段

1984年到1992年是海尔集团历史上的品牌化战略发展阶段，该时期海尔集团完成了第一轮资本积累。然而，当时中国的资本市场发展还很不成熟，海尔的资金来源只有内部积累和向银行借贷两种途径，随着企业的逐渐发展壮大，对于资金的需求驱动着海尔需要寻找更多的融资渠道。

当时海尔从欧洲购买了一条全新的电冰箱生产线，开始了传奇的征程。次年张瑞敏面对当时产品质量普遍不高，员工普遍不重视质量的现状，提出了抓质量、创名牌的口号，并开始了打造中国名牌之路。6年后，在合并多家家电工厂之后组建了海尔集团。集团产品在中国市场上大受欢迎，销售额年年攀升，至海尔上市前其股本增加了数十倍，达到了在当时非常高的1.2亿元。然而多元化发展目标的实现，需要更多的资金注入，试水金融势在必行。

2. 向金融领域渗透阶段

1993年青岛海尔在上交所上市，首次公开募集5000万元社会资本，自此海尔集团拥有了新的融资渠道，之后又进行了多次再融资，利用募集到的资金，海尔集团先后完成了多元化战略发展阶段和国际化战略发展阶段的一系列大规模扩张，奠定了世界家电巨头的地位。与此同时，海尔集团在金融领域开始大规模渗透，从2000年到2002年海尔集团先后成立了海尔投资公司，成功参股了青岛市商业银行，利用市场运作名列长江证券第一大股东，试水了建立海尔保险公司，成立了集团财务公司等。在这一阶段海尔集团全面渗透金融领域（银行、证券、保险、信托），总资产达到了惊人的650亿元。而集团财务公司的设立，预示着海尔将充分整合资源，在金融行业稳稳站住脚跟。

该时期同时也是中国经济新一轮快速发展的重要起步期，海尔迅速布局金融，就是为了迎接集团高速增长的黄金期。该阶段海尔集团运用的是股权融合渠道，并且是以资本市场为基础的产融结合模式，其中产业资本占据了主导地位。

3. 产融结合调整阶段

2002 年到 2009 年，海尔集团的产融结合之路走得并不顺畅，虽然海尔集团旗下几乎覆盖了所有的金融领域，表面上看似完成了金融产业布局，但实际上并没有为集团带来更多利润。尽管海尔的金融布局几乎涉足了所有金融领域，但是企业发展的客观规律告诉我们，要实现企业间的高效融合并非一朝一夕之事。事实上，海尔集团之后几年的金融业绩非常惨淡，一些重大投资甚至遇到了重大挫折，例如海尔集团陆续撤资鞍山信托、长江证券。同时在青岛商业银行的合作中也出现诸多问题，整合过程非常缓慢。尽管如此，海尔集团还是继续坚持产融结合的方向不动摇，进行了一场跨国并购，成立了海尔纽约人寿保险公司。

由此我们可以从中看出，产融结合并不是一帆风顺的，需要企业付出巨大的努力和耐心，即使面对一定的挫折也要理性地看待。在这个阶段我们也看到了市场主导型产融结合模式在企业股权退出时具有的优势，海尔集团在金融板块整合出现问题后可以一种低成本的方式退出来。加之，海尔集团选择退出的时机较好，在股权交易过程中还赚取了一笔利润。

4. 产融结合快速发展阶段

2010 年之后，海尔集团的产融结合便进入到了新的发展时期。在这一阶段，海尔集团引入了生态圈的概念，将与海尔集团发生业务关系的利益相关者全部纳入这个生态圈。作为海尔集团旗下重要板块的金融业也被纳入到海尔生态圈中，还进而开发出了依托海尔整体优势的金融生态圈。在现在的 O2O 浪潮中，海尔集团也走在了前面，海尔金融线上板块有快捷通和海融易，线下板块有专业的财务公司、小微贷款、金融保险、资产运作等大型平台。除此之外，海尔集团旗下还有基金公司和投资公司，在国内外多家知名金融机构中都有股份。目前海尔的上市公司是青岛海尔和海尔电器，分别是在上交所和港交所上市。

这一时期，海尔集团的产融结合进程加快，金融板块完全融入海尔的生态环境之中并成为不可或缺的一分子。通过一连串的资本运作，海尔金融不但能够在内部为海尔各公司部门提供优质的金融服务，还能在金融市场上确保一定的市场竞争力。该阶段海尔集团产业资本占主导模式的优点逐渐显现出来，依托海尔产业实体对产业上下游及全部利益相关者的巨大凝聚力，海尔生态圈以产业资本为核心，业务规模和覆盖范围不断扩大。

（三）海尔集团产融结合的动因

从海尔集团产融结合的发展历程来看，产融结合的 5 大驱动因素都能在海尔集团的案例中找到。

1. 降低交易费用

海尔集团在 20 世纪 90 年代的品牌化战略、多元化战略以及国际化战略发展阶段，为了适应集团公司面向现代化一流家电供应商的战略目标，对自身资金运营管理提出了很高的要求。这个要求就是当时国际一流家电供应商正在执行的"零运营资本"资金运营管理体系。在这个体系中，对于流动资产的管理是核心，目的是使运营资金最小化并提高资金运转速度。而当时海尔本身又正好处在大规模扩张阶段，自有资金难以满足发展要求，因此企业融资频繁且数量规模巨大。新的资金管理体系不仅需要方便、快捷、高效率，而且需要低成本，不然庞大的交易费用将会拖累整个资金管理体系的正常运作，从而影响整个集团公司的利润水平。

20 世纪末海尔集团将所属各个分公司的财务单位分割出来，统一组建了叫作"资金流推进本部"的部门，以便对整个集团财务进行管理。2 年以后海尔集团正式成立了财务公司，统一管理下属数百个公司的财务及投融资业务。集团的各项投融资项目中不再需要与金融中介进行大规模的谈判与协商，不用担心金融中介不确定的投机选择，资金管理系统运行过程中出现的一系列问题都可以在内部协调机制下快速有效地解决，这进一步降低了交易费用。据海尔内部统计，集团财务公司的设立为海尔集团节约了将近30%的融资活动交易费用，利用旗下金融机构投资也至少减少了25%的交易费用。

2. 加强信息沟通

在海尔集团开展产融结合之前，它是一家纯粹的制造型企业，对于金融市场和金融体系的重要信息接触，处于较为弱势的地位。同时在与金融机构合作过程中由于信息沟通不畅，早期的投融资活动遭遇过一系列问题，影响了企业前进的步伐。

海尔集团的产融结合所涉足的金融领域全面，使集团公司能同时拥有多个投融资渠道。在集团内部的资金管理决策中，来自产融两方面的信息能够及时汇总，以供决策分析和考察后作出更为妥当的安排。同时在决策执行过程中，所有的信息也能更好地反馈以便及时作出相应的调整。

例如海尔旗下海融易融资平台可以为海尔生态圈内的经销商、消费者以及内部融资方提供海尔票据融资、现款融资，还可以提供不同风险利率水平的投资理财产品。在海融易平台上，投资者还可以找到最新和最有潜力的众筹项目，通过在线观看众筹项目路演作出自己的投资决策。

3. 提高盈利

金融行业本身可以为集团带来巨大的盈利，特别是在我国金融行业蓬勃发展的最近20年间，其平均盈利水平要远高于一般的实体行业。海尔集团的产融结合使公司的投融资管理效率、集团公司的资金流转和使用水平都得到了有效提高，使海尔集团相比其他没有进行产融结合的企业有着较大的优势，大大地提高了集团的整体盈利水平。

4. 发展多元化

在海尔集团提出多元化战略之后，如何募集并有效使用和管理资金是关键问题。当时海尔集团虽然已经挂牌上市，但却没有自己的金融服务体系。而金融服务体系在集团企业多元化发展中，能够提供全面的金融服务，不仅可以节省金融交易成本，还可以大大提高金融运作效率，从而保障集团多元化进程的顺利进行。

例如海尔集团并购 GE 家电，最终通过了美国的反垄断审查。之所以取得成功，海尔集团专业金融机构功不可没。因为该次跨国并购技术难度大、周期长，涉及的金融专业机构多，情况非常复杂，海尔集团全牌照的金融专业机构在关键时候发挥了关键作用，提供了最为全面、值得信任的金融服务。

5. 密切产融关系

海尔集团产融结合过程中，通过不断向合作的金融机构注资入股，积极参与参股金融机构的发展，与其建立了长期稳定友好的合作伙伴关系，为集团的发展铺平了道路，奠定了坚实的基础。

例如，2002 年成立的海尔纽约人寿是海尔集团第一次跨国产融结合，美国纽约人寿作为海尔集团在美国的战略合作伙伴，为海尔美国公司业务的开展提供了大量支持，海尔美国工厂投产之后能够在数年之内迅速占领美国市场，其中也有海尔纽约人寿的功劳。

（四）海尔集团产融结合模式的实现条件

1. 法律及政策条件

20 世纪 90 年代初，中国企业产融结合的最初尝试一般是成立财务公司来指导和管理公司的投融资活动。1994 年 7 月，我国颁布了《关于向金融机构投资入股的暂行规定》，该规定提出了企业入股金融公司的主要条件，首先要具有法人资格，经营业绩良好且最近 3 年连续盈利，金融信誉良好，在年终利润分配后净资产比例30% 以上，在经董事会同意后可以入股金融机构，但累计投资金额不超过本企业净资产的50%，且不得用来自银行的贷款来投资金融机构。随着我国金融市场的不断发展，证券公司成为企业发展产融结合的重要目标。在1999 年 3 月，证监会颁布了《关于进一步加强证券公司监管的若干意见》，其中对于参股证券公司提出了更为详细的要求。

政策上，我国自 2000 年起开始了新一轮的经济改革，一是大力倡导和鼓励实体经济办金融；二是促进金融体系改革；三是进行货币政策与财政政策的合理选择以服务产融结合的健康稳步发展。

2. 外部市场条件

发展产融结合需要一个较为成熟的资本运作市场，并且能够引入有效的市场价格机制，引入竞争并提高效率，在为交易者降低成本的同时确保信息披露及时有效。我国资本市场经过近 30 年发展，历经波折并逐渐走向成熟，市场交易体系、法律法规和监管调控都已经达到了一定水平，能够为我国的产融结合提供一个较为安全可靠的平台，在这个平台上，产融资本可以找到最具经济价值和综合效益的目标。与此同时，我国金融中介机构的规模日渐庞大，体系日益完善，从业人员素质也显著提高。这些都为产融结合的发展提供了良好的外部条件。

3. 内部企业条件

（1）合理的资本结构。海尔集团很早就进行了股份制改革，并在 1993 年成功挂牌上市，是国内较早实现产权明晰、科学管理的现代化民营股份制企业。基于此，海尔集团在后来的产融结合资本运作中，规范地通过市场运作进行了股份买卖、转让和分割。

另外，海尔集团在产融结合过程中非常重视控制资本整合的规模和结构，因为企业的任何经济行为都必须要有效地控制和规避风险。因此海尔集团在产融结合战略框架内，虽然对银行、信托、保险、证券都有所涉及，但在投入的资本规模上，海尔集团充分考虑了自身实力和未来发展的需要，合理地进行了分配。

（2）高水平的经营管理。海尔集团 30 年来一步步做大做强，靠的是其一贯高水平的经营管理。在 2012 年以来的网络化战略发展阶段，海尔集团在战略思想上从以大规模生产销售加低成本高质量优势的 B2C 模式进化为以消费者为核心的产品个性化、生产柔性化的 C2B 模式。

集团化企业在发展到一定规模时往往会染上所谓的"大企业病"，机构臃肿，效率低下。现在的海尔集团立志成为真正的服务型企业，即企业的每一个员工不论职位高低都是其他员工和所有顾客的服务者，组织结构扁平化，坚决杜绝人浮于事的现象。

目前海尔集团下属的金融体系也加入了"互联网＋"的大潮，其定位于产业生态共享金融平台，依托海尔集团的丰富生态，不断开发出新的产品和服务。在海尔集团金融体系的通力运作下，虽然我国经济增速放缓，但海尔集团近几年依然展现了很高的盈利水平，显示了其较强的经营管理能力。

（3）拥有核心竞争优势。首先，海尔集团的核心竞争优势来源于其高质量的服务能力。海尔集团在国内及世界范围内建立起庞大而先进的服务体系。

其次，海尔集团的核心竞争优势来源于其持续而强大的创新能力。海尔集团为其产品和服务的研发投入了大量的人力、物力和财力，培养了一大批具有创新思维和高水平的研发人员。在集团的战略发展、组织变革、经营管理、企业文化建设方面大量引入创新性思维，并做出合理规划和付诸实施。在 30 多年的企业发展中，海尔集团的创新能力一次次得到体现，也一次次变得更加强大。

最后，海尔集团的核心竞争力来源于其强大的整合能力。2009 年以后海尔集团完成了金融资产的优化配置，以"互联网 + 金融"的创新发展引导了金融事业的未来发展方向，并与海尔集团实体产业实现无缝连接，使金融资源得到最大化的有效利用。

（4）完善的公司治理结构。海尔集团采用现代企业常用的公司治理结构，设有战略委员会、提名委员会、审计委员会以及薪酬考核委员会四个重要的委员会，以集团公司利益最大化原则选出各委员会的专任委员，详细制定了各个委员的规章制度以明确每一名委员的职责和工作程序。

海尔集团的这四大专业委员会使集团公司的法人治理结构更加完善，也为集团的规范化、制度化、高效化运营提供了强有力的保障。其中，特别要提出的是独立董事的重要作用，海尔集团的独立董事们还担任了提名委员会、审计委员会和薪酬考核委员会的主任委员，他们对公司的最高层决策有着巨大的影响力，使集团的决策更加规范科学，他们提出的宝贵意见和建议也使集团的重大决策更具有合理性。

与此同时，海尔集团的信息披露制度完全遵守国家关于上市公司的相关规定。依照我国《公司法》《公开发行股票公司信息披露细则》《证券法》《公司章程》，海尔集团制定了专门的公司信息披露制度，确保了海尔集团的有关信息能够及时、准确、充分地发布，保障了每一位海尔集团投资者的利益。

（5）拥有大量的金融专才。金融业属于知识密集型产业，不仅要有巨大的资金投入，还需要有专业的金融人才支撑。海尔集团对企业高层管理人员提出了金融知识储备方面的高标准、严要求，组织了一系列的金融专题培训，聘请了国内外著名的金融领域专家作为顾问。此外，在每一次的产融结合资本运作过程中，集团高层都必须全程参与，经过多年的学习、探索和实践，海尔集团最高战略决策层已经拥有了丰富的产融结合资本运作的经验。

海尔集团下属金融公司的人力资源建设近年来也取得了丰硕成果。在海尔集团的内部培训机制中，首先是要对员工进行企业核心价值观和管理观念的培训；其次海尔集团严格执行了培训与岗位资格相结合的认证制度，每一个岗位都有相应的职责范围且必须接受相应的培训；最后海尔集团还坚持了员工学历教育和拓展培训。

海尔集团对金融人才的引进也从未中断过，集团人力资源部长期向国内外招聘高素质金融从业人员补充新鲜血液，并提供高于市场平均水平的薪金福利待遇，给予完善的物质条件和精神激励。目前，海尔集团金融事业领域的从业人员数量和质量都位于国内产融结合型企业中的一流水平。

（6）明确的产融结合路线。海尔集团的产融结合路线从其历史发展进程上梳理如下：成立财务公司—上市—成立专业投资公司—涉足金融行业（参股或控股金融公司）—全面进入银行、保险、信托、证券等领域—内部消化调整、优化配置—进入互联网金融领域并完成全产业融合。产融结合是海尔集团一直以来所坚持的战略发展方向，海尔集团在产融结合发展初期就明确了产融结合路线，提出了完善的计划，并且在每一个历史时期都得到了彻底的执行。

（五）海尔集团产融结合模式选择

海尔集团的产融结合属于以市场主导行为为主，通过股权融合渠道完成并且是产业资本占主导地位的产融结合模式。

1. 市场主导型模式

海尔集团在 1993 年之前就完成了股份制改造，公司的经营完全是以市场为导向的发展模式，即以公司利益最大化为原则，海尔集团产融结合的战略决策更是基于自身利益和长远发展为考量的。在整个产融结合进程中基本上都是以现有市场为基础，遵照相关法律法规进行的资本运作。

海尔集团的产融结合模式中没有大银行在其中起主导作用，也不是在政府的居中指挥安排下发生的。因此，海尔集团产融结合模式中市场导向特征更为明显，这种模式的选择对于海尔来说能够充分利用市场的力量找到最有投资价值的金融资产，并且不易受到政府的太多干扰。同时市场化运作可以让海尔集团有一条可靠的退出通道，能够快速有效地剥离风险资产以免危及自身实体产业的安全。

2. 产业资本主导型模式

海尔集团产融结合是以企业资本占主导的模式，在产融结合进程中海尔集团董事会作为最高决策机构参与和完成了所有的资本运作，对产融结合的进程控制完全掌握。这种企业资本主导的模式也是由海尔集团本身实力所决定的。海尔集团在20世纪90年代的快速发展，使海尔销售额呈爆发式增长，为集团积累了雄厚的资本。在以上所述的产融结合五大驱动因素影响下，海尔集团开始了一步一步的产融结合历程，但是在这期间海尔并没有忽略自身优势产业前进的步伐，而且还同时实现了多元化、国际化、全球品牌化和网络化。因此，金融事业在海尔集团的整体框架中只是其中的一部分，必须以产业资本为主体才符合海尔集团的战略发展目标。

3. 股权融合型模式

海尔集团的产融结合基本上使用的是股权型资本运作模式。由于海尔集团产融结合是以市场化运作为主，在证券市场上进行大规模资本运作，因此它能够以股权作为产业资本和金融资本之间的纽带，不仅各自间产权结构清晰，还能够在竞争机制中找到最优的结合对象。更为重要的是海尔集团基于多年实践中的运作经验，对于市场化股权运作形成了一整套流程，使用起来更加方便。①

---

① 丁迪：《海尔集团产融结合模式研究》，硕士学位论文，电子科技大学，2016年。

（六）海尔集团产融结合的经验与成效

海尔集团充分发挥集团资金集中管理职能，全面践行银监会关于延伸产业链金融的服务指导意见，实现了产业链金融服务的全面延伸，并通过信息化建设，打造了电子化平台，将整个产业链管理融为一体，实现了风险可控。在开展产业链融资以来，海尔财务的服务范围由最初的集团成员企业迅速扩展到全产业链客户，有力地促进了集团产业链的稳定发展。其主要经验及成效可总结为以下几点：

1. 深入了解客户需求，助力链上小微企业发展

海尔财务公司对成员单位所在的产业链有较深的了解，熟悉产业链发展情况，并能够及时掌握产业链上相关企业面临的风险和存在的问题。在提供产业链金融服务的过程中，海尔财务公司主要关注产业链客户与集团成员企业合作的历史情况，如账款逾期率、违约情况、商业纠纷、结算方式等，从日常贸易往来的"大数据"中洞察企业信用情况，并据此确定授信规模。同时，对大、中、小、微客户执行无差别定价策略，弱化对财务报表和抵押担保的依赖性，授信决策更符合企业实际。

2. 构建产业链管理体系，促进金融服务降本增效

海尔集团拥有完备的产业链管理体系，包括客户管理系统、订单管理系统、物流管理系统、物料管理系统、核税通发票管理系统、账务管理系统、对账管理系统、预算管理系统、电票系统、网银系统等。海尔集团通过信息化建设，打造了电子化平台，将整个产业链管理融为一体。目前，海尔集团对供应商全面开放了内部系统，让供应商充分参与各个相关环节，通过信息有效沟通、资源共享，从而实现了集团内外部相关信息的对接，大大提高了工作效率。此外，海尔财务公司还搭建了产业链管理平台，与商业银行相比无论是在时效上还是在融资成本上都具有显著优势。如今，海尔财务公司依托互联网的产业链融资从申请到发放均在线上完成，平均办理天数约为2天，比银行缩短了14天，时效性大大提高。同时，海尔财务紧紧依托大数据的发展，通过交易数据来完成审批放款，融资期限与产品生产周期精准匹配，比商业银行贷款更具灵活性，既能合理控制企业融资成

本，也有利于提高信贷资金周转使用效率。

3. 完善金融风险管理，支撑集团长期稳定发展

海尔财务公司根据产业链金融服务的特点设立了相应的风险控制政策，对产业链融资服务流程各环节要素进行了相关规定，并以全程风险控制理念为基础，建立了具体的风险管理措施，为全面开展产业链金融服务奠定了良好基础。风险控制政策具体从客户准入、规模控制、限额管理、客户集中度管理、全程风险控制、审批流程和风险预警等方面着手，找准这些环节中的风险控制要点，将整个风险管理有机结合在一起。同时，海尔财务公司始终把客户准入当成风险的第一道防线，综合采用集团成员单位推荐、财务公司与成员单位联合评价、客户名单动态管理等方式，把握好客户准入标准。在互联网平台下，海尔财务公司实现了贷前客户准入、征信核查、工商核查、法院核查的全部自动化，并自动生成调查报告，避免了纸质资料流转，减少了操作风险。

（七）海尔集团产融结合的启示

基于海尔集团在产业要素集聚中的核心地位，海尔财务公司以集团为中心，形成了基于企业的中心—外围产业集聚和金融服务体系。作为创新之处，海尔财务基于大数据分析下的客户营销及客户风险管理，以及信贷工厂对操作流程的全面提升都是海尔财务公司在产业链金融服务上获取的宝贵经验。不仅如此，海尔财务公司还深入挖掘利用大数据，在集团数据的基础上结合社会化数据，更加深入地了解产业链客户，为产业链客户提供了更加精准的产品以及更加全面的服务。同时，海尔财务公司还集中优势资源，不断开拓创新，持续支持产业链中小微客户群的发展，促进了金融资源向实体经济的流动。对于潍坊而言，潍柴动力作为潍坊市的主导企业，也有财务公司牌照，可以学习借鉴海尔的经验，大力发展产业链金融，灵活利用互联网、大数据等整合上中下游产业链资源，以产助融、以融促产、产融结合，围绕中心核心企业构建"中心—外围"产业金融服务体系。

二 以华润集团为例

（一）华润集团简介

华润的前身是于 1938 年在香港成立的"联和行"。1948 年联和行改组更名为华润公司。1952 年隶属关系由中共中央办公厅转为中央贸易部（现为商务部）。1983 年改组成立华润（集团）有限公司。1999 年 12 月，与外经贸部脱钩，列为中央管理。2003 年归属国务院国资委直接监管，被列为国有重点骨干企业。

1954 年华润公司成为中国各进出口公司在香港总代理。在这一时期，华润的主要任务是组织对港出口，为内地进口重要物资，保证香港市场供应，贸易额曾占全国外贸总额的 1/3。1983 年华润集团成立后，因应外贸体制改革的形势，企业逐渐从综合性贸易公司转型为以实业为核心的多元化控股企业集团。

2000 年以来，经过两次"再造华润"，华润奠定了目前的业务格局和经营规模。集团主营业务涉及大消费（零售、啤酒、食品、饮料）、电力、地产、水泥、燃气、大健康（医药、医疗）、金融等。集团下设 7 大战略业务单元、17 家一级利润中心，实体企业 1987 家，在职员工 42 万人。直属企业中有 6 家在港上市，其中华润电力、华润置地位列香港恒生指数成分股。

华润以"引领商业进步，共创美好生活"为使命，通过不断创新生意模式，打造产品和服务品牌，有效地促进了产业发展，为提高大众的生活品质做出了应有的贡献。目前，华润零售、啤酒、燃气的经营规模为全国第一。电力业务的经营业绩、经营效率在行业中名列前茅。华润置地是中国内地最具实力的综合地产开发商之一。水泥业务的盈利能力在全行业中最强。医药销售规模全国第二，药品生产全国第一。雪花啤酒、怡宝水、华润万家、万象城、999、双鹤、东阿阿胶等是享誉全国的著名品牌。

为更好地适应多元化企业的发展，集团围绕发展模式、组织架构、公司治理等方面进行了一系列重大改革，在并购整合、企业重组、利用资本市场等方面形成了丰富经验，在战略管理、领导力发展、财务价值创造等总部建设方面建立了适合自身特色的管理模式。

目前，集团正在实施"十三五"发展战略，按照"做实、做强、做大、做好、做长"的发展方式，依托实业发展、资本运营的"双擎"之力，借助"互联网＋国际化"的"两翼"之势，通过提升资产质量、优化资本结构、调整产业结构、布局全球市场、开展研发创新、提升信息化水平六大举措，实现"跑赢大市、转型升级"的目标，为股东创造效益、为社会创造价值、为员工创造成长空间，成为受大众信赖和喜爱的全球化企业。

（二）华润集团产融结合的发展背景

正是因为华润集团拥有以上深厚的政治背景，它的发展离不开国资委的监督与领导。产融结合在我国的萌芽始于 20 世纪 90 年代。我国明令禁止金融机构参股投资实业企业，所以按照产业与资本的控股关系，国内的产融结合是"由产而融"的方式。2004 年，由于缺乏相应的法律制度和监管措施，以"德隆恶意掏空金融资本"为代表的一系列事件爆发。2006 年，国家出台《中央企业投资监督管理办法》，规定中央企业在境内兼并投资均要上报国资委并且严禁违规使用银行信贷资金投资金融、证券、房地产和保险等项目。2008 年全球金融危机爆发后，为了寻求新的发展机会，国资委对中央企业发展金融业务的态度转为支持。

华润集团积极响应政府部门的号召并且于 2009 年 4 月成为珠海商业银行的第一大股东。2009 年 11 月，成立华润金融控股有限公司（以下简称华润金融）。2010 年，华润集团在"十二五"规划中确立了发展产融结合的战略方针。2010 年 7 月，华润资产管理有限公司成立。之后，华润集团又相继将华润深国投信托有限公司、华润投资控股有限公司等企业纳入华润金融体系。华润金融成为华润集团开展专业金融服务的新战略业务单元。

在发展金融业务之前，华润集团旗下已经有消费品、电力、地产、水泥、医药、燃气等领域的 6 大战略业务单元、14 家一级利润中心、2000 多家实体企业、40 多万在职雇员。这其中有 5 家是香港上市公司。华润电力、华润啤酒、华润置地均是香港恒生指数成分股，三者被统称为"蓝筹三杰"。华润燃气和华润水泥还是香港恒生综合指数成分股与香港恒生中资企业指数成分股。此外，华润零售、华润雪花啤酒、华润燃气在全国的经营规模居第 1 位。自 2005 年以来，华润集团连续获得国资委 A 级中央企业称号。华润金融通过依托华润坚实的多元化产业基础和庞大的上下游关系链，实力逐步得到极大扩充，致力于打造中国领先的有特色的金融综合服务平台。

（三）华润集团产融结合的主要成效

自 2009 年发展产融结合后，华润集团在企业绩效和协同效应等方面取得了一定的成效。在企业绩效上，华润集团产融结合的发展促进了华润集团企业绩效的增长。在 2012 年度中央企业业绩考核中，华润集团名列第 6 位。放眼全球，华润集团晋身为世界 500 强企业。华润集团自 2010 年开始申报《财富》世界 500 强，当年位列第 395 名，之后名次连年大幅上升。2015 年华润集团在世界 500 强中已经名列第 115 位。华润集团在以 2014 年的经营数据为入围标准的 2015 年中国企业 500 强评审中名列第 21 位。到"十二五"期末，华润集团的各项业绩指标比 2010 年年初或者 2009 年年末翻一番，其总资产、营业额、经营利润都有大幅增长。与产融结合前的 2008 年相比，华润集团的总资产于 2009 年和 2010 年增幅分别为 30.51%、75.76%。华润集团的总资产已经从 2008 年的 3317 亿港元增长至 2014 年的 12517 亿港元。与产融结合前的 2008 年相比，华润集团的营业额于 2009 年和 2010 年增幅分别为 13.28%、50.62%。华润集团的营业额已经从 2008 年的 1450 亿港元增长至 2014 年的 5686 亿港元，增幅达到 292%。与产融结合前的 2008 年相比，华润集团的经营利润于 2009 年和 2010 年增幅分别为 58.82%、126.05%。华润集团的经营利润已经从 2008 年的 119 亿港元增长至 2014 年的 652 亿港元，增幅达到 447%。

在战略协同上，华润集团的成员企业对产融结合的战略意义有高度的认知程度。产业资本和金融资本尝试做战略支持并且共同分担产融结合战略所带来的风险。截至目前，华润集团已经形成了"6 + 1"七个业务板块的格局，华润金融成为融通其他六个业务板块的中枢。在组织协同上，由于华润金融才粗具雏形，组织协同中的部门协同和治理协同还待构建。不过，华润金融的组织架构相比 2009 年扩容不少，旗下除了形成了以华润银行、华润信托和华润资产为主要业务的一级利润中心，还有华润租赁、汉威资本、国信证券、鹏华基金和华泰保险的其他业务企业。

在经营协同上，产融结合产品崭露头角。华润集团的金融板块以华润银行为支点相继推出了一系列产融结合产品，具体包括：华润银行结合华润置地推出"信付通"产品。该产品是指华润银行将华润置地对上游供应商与承包商的应付货款和应付工程款作为授信基础，通过承兑华润置地签发商业票据的形式，向华润置地的供应商和承包商提供流动资金融资服务。华润银行结合华润电力推出"保付通"产品。华润银行买断了华润电力所合作的煤炭供应商的应收账款，并对煤炭供应商提供三个月期限的资金融资，利息则由煤炭供应商承担。华润银行结合华润万家推出"e 润通"产品。华润万家的供应商将对华润万家的应收账款权利质押给华润银行。华润银行与华润万家的供应商完成开户签约手续即可实现双方的在线融资理财结算。华润银行结合华润水泥推出"物流贷"产品。华润银行向华润水泥的运输服务商提供贷款服务。华润水泥的运输商则以华润水泥每月向其支付的运输款项来还本付息。另外，华润租赁与华润集团的健康医疗板块和环保能源板块尝试开展合作业务。

在财务协同上，产业资本和金融资本结合后其内部融资成本降低，从往年的 6.64% 降至 5.88%。华润银行自华润集团入主后，开始跻身"超千亿"银行的行列。华润集团的资金中心和各个利润中心相继在华润银行开立账户和注入资金。2010 年，华润银行的净利润相较于 2009 年增幅达 96.99%，主要的财务指标均表现出色。虽然华润银行在 2014 年因为审计事件资产缩水，但是产融结合使华润银行 2014 年的投行业务增长。华润银行与华润集团的产业企业合作给上下游企业融资所带来的收入几乎占据了中间业务净收入的 1/3。

总言之，华润集团实行产融结合确实带来了各方面的提升，但是初具雏形的华润金融仍处于发展初期。2010 年，华润金融在华润集团的利润贡献中占比 7.8%，此后比例逐年小幅度上升。虽然该比例比不上集团其他板块而且增长幅度较慢，但是华润金融一直在努力提升。

（四）华润集团深化产融结合的必要性

通过以上分析可知："十二五"规划期间，华润集团发展产融结合在企业绩效和协同效应上取得了一定的成效。华润集团发展产融结合的决策是正确的。华润金融日益成为华润集团七大业务板块的中枢。在新的"十三五"规划年度，华润集团将围绕"双擎两翼"在新常态下谋求长远发展。"双擎"指的是产业资本与金融资本，"两翼"则是国际化与互联网。综合华润集团内外因素来看，产融结合在华润集团有必要继续深化下去。该必要性原因有以下三点。

其一，深化产融结合以满足华润集团战略规划需求。产融结合是华润集团"十二五"规划的重要战略方针。在此方针引导下，华润集团的资产规模过万亿和世界 500 强前 200 名的基本目标完成较好，但是营利性指标则完成了 90%。因此"十三五"规划相比之前更加注重业务增长的质量与效益，而规模目标战略性位置下降。"十三五"规划要求质量与效益的增长方式从外延式增长逐步转向内涵式增长、由要素投入驱动增长逐步转向创新驱动增长。这些离不开"双擎"业务结构的升级与创新。所以，华润集团须要深化产融结合以满足其战略规划需求。

其二，深化产融结合以适应互联网金融时代的要求。"互联网＋"时代到来，生产、交易、流通与融资变得更加便捷、安全和高效。互联网介入金融领域又为产融结合带来了新的刺激。它对企业信息技术、金融产品和服务、业务结构重塑、优势资源整合等都提出了新的要求。华润集团现有的产融结合状况尚难以达到该要求。所以，华润集团须要深化产融结合以适应互联网金融时代的要求。

其三，深化产融结合以积累全球化市场竞争的能力。全球化是大趋势，而参与全球化市场竞争是国家"一带一路"重点战略的表现。作为中央企业集团，华润集团应该积极响应，充分利用资源来积累竞争能力，为获取新的海外市场而做准备。所以，华润集团须要深化产融结合以积累全球化市场竞争的能力，实现产业核心资产在金融资本运作下对接全球化市场的优质资源与核心能力。

三　以招商局集团为例

产融结合在我国起步较晚，从1987年第一家财务公司东风汽车工业财务公司成立起，产融结合的发展在我国先后经历了20世纪90年代初产融结合的萌芽期、90年代中期的产融结合乱象整顿期以及90年代后期至今的产融结合迅速成长期。当前，我国产融结合的企业主体结构相对单一，主要以大型企业集团为主。大型企业集团依托雄厚的资金实力和产业优势，或成立财务公司，或投资涉足金融领域，不断扩大产融结合的范围和深度。通过深化产融结合，提高了资源配置效率、降低了金融交易成本、促进了产业实体和金融业务的协同融合，助力了企业集团的跨越式发展。作为我国央企的骨干、民族工商业的先驱、国资委体系中唯一一家以金融为核心主业的央企，招商局集团多年来在产融结合领域积极探索、合理布局、纵深发展，取得了巨大成绩，积累了宝贵经验，对新常态时期潍坊市深化企业改革、推动产业转型升级具有重要的借鉴和参考价值。

（一）招商局集团简介

招商局集团（以下简称招商局）是中央直接管理的国有重要骨干企业，经营总部设于香港，也被列为香港四大中资企业之一。截至2016年年底，招商局集团总资产6.81万亿元。集团盈利在2015年的基础上继续稳定增长，创造历史新高，全年实现营业收入4954亿元，同比增长78%；实现利润总额1112亿元，同比增长34%，在中央企业中排名第二。2004—2016年招商局连续十三年被国务院国资委评为A级中央企业和连续四个任期"业绩优秀企业"。

招商局是中国民族工商业的先驱，创立于1872年晚清洋务运动时期，今年将迎来145周年。145年来，招商局曾组建了中国近代第一支商船队，开办了中国第一家银行、第一家保险公司等，开创了中国近代民族航运业和其他许多近代经济领域，在中国近现代经济史和社会发展史上具有重要地位。1978年，招商局即投身改革开放，并于1979年开始独资开发了在海内外产生广泛影响的中国第一个对外开放的工业区——蛇口工业区，并相继创办了中国第一家商业股份制银行——招商银行，中国第一家企业股份制保险公司——平安保险公司等，为中国改革开放事业探索提供了有益的经验。

招商局是一家业务多元的综合企业。目前，招商局业务主要集中于交通（港口、公路、航运、物流、海洋工业、贸易）、金融（银行、证券、基金、保险）、地产（园区开发与房地产）三大核心产业，并正实现由三大主业向实业经营、金融服务、投资与资本运营三大平台转变。

招商局是国家"一带一路"战略的重要参与者和推动者。集团加快国际化发展步伐，在全球 20 个国家和地区拥有 50 个港口，已初步形成较为完善的海外港口、物流、金融和园区网络，大都位于"一带一路"沿线国家和地区的重要点位。2016 年，集团吉布提"丝路驿站"试点项目取得突破性进展，"蛇口模式"第一次在海外落地；中白工业园首发区内基础设施和中白商贸物流园一期工程建设已基本建成；与多哥全面合作务实推进，是集成"中国经验"开发海外市场的重要创举。海外重点项目有序推进，海外布局不断优化；"一带一路"再树合作标杆，多次获得党和国家领导人的高度评价。

招商局是内地和香港交通基建产业的重要投资者和经营者，已基本形成全国性的集装箱枢纽港口战略布局，旗下港口分布于珠三角的香港、深圳，长三角的上海、宁波，渤海湾的青岛、天津、大连、厦门湾的厦门及西南沿海的湛江。2016 年，招商局旗下港口集装箱吞吐量为 9577 万 TEU，同比增长 14.5%。其中，中国内地项目完成 7193 万 TEU，增长 17.0%，是中国最大、世界领先的港口开发、投资和营运商。

招商局投资经营的公路、桥梁、隧道等收费公路项目主要分布于全国公路主干线上，覆盖北京、上海、广东、浙江、广西等 18 个省、自治区和直辖市，总里程达到 8203 公里。建有国家级、省部级等各类研究开发平台 18 个，目前已形成从勘察、设计、特色施工到投资、运营、养护、服务等公路全产业链业务形态。

航运业是招商局的传统产业。截至 2016 年年底，集团航运业务船队总运力达 3479 万载重吨，排名世界第三。集团投入运营的 VLCC 有 39 艘，手持 VLCC 订单 14 艘，拥有世界一流、全球领先的超级油轮船队；并拥有和管理世界规模领先的超大型矿砂船队 VLOC（8 艘，手持订单 20 艘）和 LNG 船队；VLCC 和 VLOC 的规模均排世界第一。2016 年 3 月，招商局拥有的 40 万吨超大型矿砂船"明成"轮（Pacific Winner）成为香港船舶注册突破一亿总吨的标志性船舶，开创香港航运的新里程碑，是香港航运界具有代表性的重要力量。

招商局综合物流业务积极开拓全球服务网络。2015 年 12 月，经国务院批准，中外运长航整体并入招商局集团。中外运长航是中国最大的综合物流运营商，第三方物流和货运代理服务分别位居全球第八名和第五名。2016 年 4 月，招商局集团成立综合物流事业部，与中外运长航"两块牌子、一套人员"。截至 2016 年年底，在全国设立了物流运作网点 2443 个，全球 38 个国家和地区拥有自营网点 96 个，业务范围覆盖全球主要贸易国家和地区。集团物流业务资源优势明显，在全国拥有和控制仓储堆场面积合计 1023 万平方米。

招商局的金融业务包括银行、证券、基金及基金管理、保险及保险经纪等领域。招商局发起、目前又是作为最大股东的招商银行，是中国领先的零售银行。截至 2016 年年底，招商银行在国内 130 多个城市设有分支行、3495 家自助银行，在 28 个核心城市设立了超过 40 家私人银行中心；在香港设有香港分行、私人银行中心、海外全球托管中心，并拥有永隆银行和招银国际等子公司；在美国设有纽约分行、私人银行中心和代表处；在新加坡设有新加坡分行；在英国设有伦敦分行和代表处，在台北设有代表处；在卢森堡设有卢森堡分行。招商证券经过 25 年的创业发展，已成为中国领先的上市证券公司之一，于 2009 年 11 月在上海证券交易所上市，并于 2016 年 10 月在香港联交所上市。截至 2016 年年底，招商证券在国内 114 个城市设有 226 家证券营业部和 12 家分公司，已构建起国内国际一体化的综合证券服务平台，是 2008 年迄今连续九年获得 A 类 AA 评级的两家券商之一。2012 年招商局成立招商局资本，推进集团内部基金整合，建立直投基金管理的统一平台；截至 2016 年年底，其管理总资产近 1700 亿元。招商局旗下还有招商基金、博时基金，基金管理总规模均超过 1 万亿元。2016 年，招商局仁和人寿保险股份有限公司获批筹建，中国第一家民族保险公司"仁和保险"成功复牌。进一步完善了招商局金融领域"4＋N"布局，实现了打造全功能、全牌照综合金融服务平台的战略构想。

招商局高度重视创新驱动发展。聚焦"三产一科创"（产融结合、产城联动、产网融合和科技创新），加速布局"互联网＋"，设立了"互联网＋"基金，建立互联网孵化器，加强资本与科技资源的合作。加快实施"产业＋互联网"行动方案，明确打造综合港口生态圈、智能交通生态圈、特色金融生态圈、智慧社区（园区）生态圈、供应链物流生态圈、航运及航运服务生态圈。创新工作成绩突出，多个重点领域实现突破。年内，集团成为国家企业"双创"示范基地，获得国有资本投资公司试点。

招商局通过招商蛇口、漳州开发区等主体提供城市及园区综合开发和运营服务。2015 年，招商局实施地产旗舰板块的重大无先例重组，实现了集团在前海蛇口自贸区资产的整体上市，打造了国企改革的典范和中国资本市场创新标杆。2016 年，重组上市后的招商蛇口以"产、网、融、城一体化"为业务抓手，确立了"前港—中区—后城"发展新模式，园区、社区与邮轮三大业务协同发展，致力于成为中国领先的城市及园区综合开发和运营服务商。一年来，招商蛇口转型发展呈现新格局，在前海蛇口自贸区、太子湾邮轮母港、深圳国际会展中心一期等重大项目和产融互动、产网结合等关键领域纷纷取得重大突破，经营业绩实现了跨越式增长。在持续推动全国近 40 个城市升级的同时，招商蛇口跟随招商局"走出去"，在"一带一路"沿线国家和地区开发复制推广"蛇口模式"，实现自贸区发展与"一带一路"战略的有效叠加。漳州开发区行政辖区面积 56.17 平方公里，2010 年升级为国家级经济技术开发区。全球首个城市级无人驾驶汽车社会实验室落户漳州开发区。全国首个离岸式生态型人工岛——双鱼岛以及招商局·芯云谷等项目的建设，正使漳州开发区朝着"花园式、智慧化、产业兴、人气旺"宜居宜业的现代滨海新市镇的目标不断迈进。

招商局在工业、贸易、科技产业投资等领域也都有着雄厚的实力。招商局拥有香港最大规模的修船厂；2008 年投资的世界一流的大型修船基地在深圳孖洲岛建成投产；2013 年，完成收购江苏南通海新重工船厂资产，进一步壮大了海工建造实力。招商局创办并为其第一大股东的中集集团是世界最大的集装箱及机场设备制造商。招商局海通贸易有限公司在中国交通海事贸易领域有着成熟的市场网络和丰富的经验，并以此为基础积极转型升级，已成为集海事、食品、船贸及大宗贸易为一体的综合性贸易集团。招商海通业务网络覆盖广泛，在中国内地 7 个城市及境外 6 个国家设有分支机构。

招商局以其悠久的历史和雄厚的实力，在海内外工商界有着广泛的影响。进入新时期，招商局集团将紧紧抓住中华民族伟大复兴的难得历史机遇，以商业成功推动时代进步为使命，努力建设成为具有国际竞争力的世界一流企业。

（二）招商局集团产融结合的主要模式

从发展路径看，大企业集团的产融结合主要有"由产及融"和"由融及产"两种模式。所谓"由产及融"是指选择性地把部分产业资本由产业实体转移到金融机构，形成服务于产业、充分发挥产融优势的金融核心；"由融及产"则是指金融资本战略性地控股部分实体产业，在实业领域进行选择性投资或布局。《商业银行法》的规定，"商业银行在中华人民共和国境内不得从事信托投资和证券经营业务，不得向非自用不动产投资或者向非银行金融机构和企业投资"，受限于此，银行等金融机构投资进入产业领域尚存在政策上的障碍，因此使"由融及产"模式在我国难以实现。目前我国大企业集团的产融结合实践大多采取"由产及融"的模式，即最初以产业资本起家，在产业发展到一定规模形成竞争优势后，继续发展主营产业的同时通过实施金融发展战略，把部分产业资本逐渐渗透到金融领域，最终实现产业资本向金融资本的转化和两者的融合。

其中，招商局集团就是实践"由产及融"模式的典型代表。改革开放以来，招商局集团在立足产业基础、稳健经营主业的同时积极进行金融领域的探索和实践。1986 年，其收购了香港友联银行，成为我国第一家拥有银行的非金融企业；紧接着 1987 年，招商银行成立，并于同年和国防科工委等合作创办了股权投资企业——中国科招高技术有限公司；1988 年，招商局集团开始涉足保险业，先是与工商银行合作成立了平安保险，接着又于同年收购了海达远东保险顾问和招商局保险；20 世纪 90 年代以后，招商局集团涉足的金融业务更加多元化，代表性的有 1993 年设立了招商局中国基金，1994 年成立了招商证券和 2012 年组建了招商局资本等。近年来，为适应经济新常态，实现产业转型升级，招商局集团加快了创新步伐，抓住了互联网经济的发展机遇，分别成立了招商创新投资基金和互联网孵化器。其中，招商创新投资基金规模 50 亿元，除 20 亿元作为母基金投资于互联网基金外，其余 30 亿元直接投资于"互联网＋"及产网融合项目；互联网孵化器则主要以深圳前海蛇口片区为投资区域，结合招商局集团在实业投资、金融业务等方面的经验，为互联网企业提供投资、孵化、增值一条龙服务。

总结招商局集团的产融结合实践可以发现，其分三个层次推动了产融结合的纵深发展。首先是以机构融合来推进产融结合。招商局集团早期涉足金融业务，其初衷是为了支持实体产业的发展，提升金融服务实体产业发展的能力，发展到后来金融与实体产业间形成深度融合、协同支持的效果，多元化金融业务的开拓也分享了实体产业发展的成果。其次是以产品融合推进产融结合。招商局集团从实体产业的实际经营活动出发，把产品融合作为产融结合的核心和抓手，有针对性地设计了近百种产融结合产品，实现了产融供需两端的有效匹配和真正意义上的产融结合。再次是以功能融合推进产融结合。招商局集团在促进产业实体和金融部门资本融合的同时，还在风险控制、财务结构优化等方面不断强化提升管理水平，推动实业和金融协调发展，通过深化产融间的功能融合促进了两者的良性融合和深度融合，实现了产融的共生共荣。

（三）招商局集团产融结合的有效经验

1. 立足产业基础，扎实推进产融结合

在产融结合发展过程中，招商局集团坚持以主业为核心，立足产业基础，紧紧围绕集团主业进行战略布局，并随市场环境变化及时调整产融结合发展策略。在扎实推进产融结合过程中，勇于突破业务合作的传统框架，深入实业机构的战略经营中，大胆创新产融结合模式，使金融服务更加贴近市场，更加了解实业需求和市场需求，因而也更具有可操作性。

2. 重视国家政策战略，切实服务实体经济

在产融结合具体实践中，招商局集团坚决贯彻落实国家的宏观调控政策、密切配合国家的相关发展战略，将自身的产融结合发展置于国家的政策、战略大环境下规划和推进，有力地促进了实业与金融业务的协调发展，助推了实体经济的健康向前发展。例如，其开创的创新投资基金和互联网孵化器等产融结合新模式与当前国家大力倡导的企业自主创新、转型升级，以及"互联网＋"时代李克强总理提出的"大众创业、万众创新"发展理念相吻合，使这些产融结合新模式在落实国家政策、培育新兴市场、壮大新兴产业、服务实体经济等方面发挥了强大的功能和作用。

3. 分层次深化产融结合，打造产融结合生态圈

在深化产融结合实践中，招商局集团坚持分层次递进式纵深推进。将机构融合作为基础，产品融合作为核心，功能融合作为最高境界；由低到高、由外到内、由浅及深，形成了产业资本和金融资本的良性互动和循环，打造了以产为主、以融助产、以产促融的产融结合生态圈。

第五章 科技金融发展的经验与启示

第一节 科技金融的概念及相关理论

一 科技金融的概念界定

我国"科技金融"的概念最早出现于 1993 年，国内在科技金融理论研究方面有许多优秀成果，对科技金融的概念界定也多种多样。综合来看主要有以下几点：一是科技与金融融合方面，即科技发展促进金融进步，金融进步促进科技发展，表现出二者的融合互动机制；二是金融业对科技产业的金融资源供给，该方面体现的是政府或者非政府金融机构以营利或者非营利为目的对科技进步给予金融资源支持；三是金融产业化方面，该方面特指以高新科技产业为特定对象而建立和发展的金融支持性服务体系或者机构；四是从政策规制角度研究如何以金融的手段促进科技和生产力的进步，进而提升社会生产效率，扩大社会福利；五是将科技金融作为整体性的互动系统，将科技金融以及科技金融市场从货币市场、资本市场、风险评估体系、风险分担体系、增信体系等方面进行具体划分，将其定义为这几个市场和分支系统构成的统一体；六是从科技金融几个常见构成要素作不同的研究探讨并定义，如市场机制中的价格均衡、供求匹配、竞争机制，政府引导机制中的政策性引导机制、行为示范引导机制、市场失灵补充机制、监管机制。

根据国务院印发的《"十三五"国家科技创新规划》，科技金融是落脚于金融，利用金融创新，高效、可控地服务于科技型中小企业的金融业态和金融产品的统称，包括投贷联动、科技保险、科技信贷、知识产权证券化等。这是目前国内对科技金融最权威的表述。

随着新兴科技的发展，科技金融的内涵又有了新的拓展，即将大数据、人工智能、云计算、区块链等新兴技术手段应用于科技型中小企业的金融产品和服务中，以期实现金融效率的提升和成本的降低。

二　科技金融的相关理论

（一）麦克米伦缺口理论

"麦克米伦缺口"概念最早是由英国的金融产业委员会提出，该概念的提出适逢 20 世纪 30 年代的经济萧条期，该概念是指中小企业所普遍存在的融资难问题，尤其是指广大中小微企业普遍存在的长期资本供给缺口问题。当时，将这种资金缺口称为"信贷配给短缺"。具体来说，"麦克米伦缺口"体现为"债务融资"和"权益融资"的双缺口。

过去的欧美国家和当前我国的中小企业融资尤其是科技型中小企业融资都存在该现象。一直以来，"麦克米伦缺口"作为一个国际性难题，深受世界各国政府的重视，各国政府也出台许多措施，试图打破金融体系中对中小微企业的融资壁垒，包括出台如利率优惠等措施，以及建立针对中小微企业的专门化金融服务机构。但是，直至今天该现象依然难以得到根本性扭转。

从我国当前中小微企业发展所面临的"麦克米伦缺口"的技术层面来看，其具体成因有信息不对称、缺乏抵押物、信贷手段单一，再加上对于初创期中小企业政策培育欠缺，使"麦克米伦缺口"影响叠加；从体制层面看，由于我国金融资源配置政府性因素较强，体系架构以国有大型银行金融机构为主，且对中小微企业有规模歧视，再加之严厉的金融监管，"麦克米伦缺口"并未呈现收缩趋势。[①]

（二）熊彼特创新经济学理论

熊彼特在《经济发展理论》中，提出从技术与经济角度理解创新

---

① 潘月勇：《科技金融支持山东中小企业发展研究》，硕士学位论文，山东财经大学，2016 年。

概念，创新是将生产要素和生产条件重新组合并引进生产体系的过程。他认为，银行信贷为科技创新提供了基础条件，信贷可以使一个富有才智的债务人成为富有者。工业体系的建立和发展需要建立在创新基础上，而信贷又是科技创新的不绝动力。首先，经济体系中的旧厂商需要借助信贷扩大规模，更新机器，实现更大的生产力；其次，即将进入经济体系的新企业家也需要借助银行贷款的帮助获得资金支持，从而对生产要素有充足的购买力。总之，金融部门引导了产业部门的技术创新，激发了企业家的创新精神。

（三）新古典经济增长理论

以索洛为代表的新古典经济增长理论对金融与技术创新关系进行了系统分析。他们认为，经济增长依赖于资本生产率的提高，要实现资金的有效利用，弥补资金缺口，需要建立金融法律法规体系、制度框架和信用机制。在市场无法对技术创新等生产要素进行合理配置以实现社会有效需求时，政府可以积极介入，采取如税收优惠、财政补贴等手段保障技术进步，促进经济增长。

（四）R&D内生经济增长理论

罗默认为，除劳动、资本是经济增长的要素外，知识成为经济增长的第三要素。知识的成功运用会提高资本与劳动的结合效率，实现经济的阶梯式增长。因此，要增加对知识的投资，即增加科研经费，支持技术进步。新古典经济增长理论认为技术进步是外生的，但R&D内生理论认为技术进步是经济增长的内生因素。由于技术创新具有外部效应和非竞争性，因此，技术创新不是上一辈创新者独具的，下一代的创新者可以降低研发成本，使技术创新能够继续下去，进而推动经济的增长。同时，该理论认为，政府对经济发展既有水平效应又有增长效应。巴罗则认为，应该强化政府在技术创新中的作用，引入政府支出这一公共投资品，包含资本和劳动要素的生产函数会变为线性函数，即经济会持续增长。因此，政府应该注重R&D领域、知识产权保护、科技人才的培养。同时，政府的政策措施应该慎重，避免对经济增长过分干预导致相反作用。总之，要促进经济增长，必须提高对知识的投资，提高知识的积累率。①

（五）卡洛塔·佩雷斯科技创新与金融资本范式

卡洛塔·佩雷斯在《技术革命与金融资本》中从资本主义历史运动角度出发提出了"技术—经济范式"的概念，该理论从生产资本与金融资本的互动角度分析，认为每一次技术革命都有与本次变革相适应的"技术—经济范式"，每次变革分为"导入期"和"拓展期"，在"导入期"，旧产业占据主导地位，但会有新的技术因素渗入，为下一段技术革命做准备，由于金融资本的逐利性，其逐渐与新产业资本相结合，金融资本也逐渐发挥主导作用，金融资本的大量投入产生泡沫，导致收入分配两极分化；在"拓展期"，各种社会力量开始重构体制，使生产资本主导金融资本，同时建立与自身价值观相符的"技术—经济范式"。从实体产业看，在变革过程中淘汰"旧的范式"企业，保留"新的范式"企业，该理论又如自然界中的物种选择，实现优胜劣汰。

同时，该理论认为，金融体系与信用体系在技术和制度变革中有着极其重要的作用，金融资本与技术革命存在互动关系。在技术与金融的互动中，强调风险资本家的重要作用，因为在产业变革过程中，投资高科技往往能获得高收益，而风险投资家往往具有敏锐的市场嗅觉和较高的风险承受能力，故能够将金融资本与产业技术进步充分结合，并能够以市场化的方式高效推动产业扩张。

（六）演化经济理论与技术创新路径研究

演化经济学是以生物系统演化为借鉴依据，以技术性变迁和制度变动为研究核心，研究技术创新以及制度性创新在经济活动中的作用。Nelson 和 Winter 在《经济变迁的演化理论》中提出了该理论，该理论充分吸收自然选择理论，并对熊彼特的创新理论批判继承。20 世纪以来，在该理论的发展中，技术性因素越来越重要，在国内理论界也多有应用。在之后的发展中，有学者利用该理论进一步解释了金融

① 孙伟伟：《地方政府推动科技金融发展的作用研究》，硕士学位论文，山东财经大学，2016 年。

工具、金融市场的演进发展，强调技术性因素在金融发展中的推动作用。

（七）投资与技术创新不可分割论

麦金农曾分析，金融投资与技术创新关系"不可分割"①，他强调金融资本融通和企业家技术改进之间关系紧密，而除个别资金富裕者之外，其余企业家极易陷入"低水平均衡"陷阱，导致技术改进难以实施。

麦金农从储蓄动员方面分析了金融市场支持企业家技术创新的作用，他认为，金融市场及其金融中介可以通过存单、票据、股票等途径动员社会资金，起到改善资源配置的效用，最终推动技术创新和改进。

第二节 科技金融的主要模式

科技金融作用机制分为市场、政府及其社会机制。基于作用机制的不同，科技金融的模式主要分为市场主导型、政府主导型和社会主导型。

一 市场主导型科技金融模式

科技金融在以市场为主导的模式下，金融市场能够有效发挥资源配置的作用，对技术创新活动提供资金支持，市场主导型科技金融模式通常分为以下两类。

（一）资本市场主导型科技金融模式

在资本市场主导的科技金融模式下，对于高新技术企业，提供直接融资的金融市场相比提供间接融资的银行更为重要。一般来说，采用该模式的国家或地区，往往具有发达的有价证券市场，投资者众多，证券流动性高。

资本市场主导型科技金融模式的优点主要体现在一方面资本市场

---

① 麦金农：《经济发展中的货币与资本》，上海人民出版社1997年版。

为科技型企业提供了权益融资，承担高成本的同时担负较小的融资风险，并进一步使企业的财务风险得以降低。另一方面，对于广大投资者来说，资本市场具有风险识别、风险分散功能。资本市场充分的信息披露制度使高新技术企业的风险能够被投资者较为容易识别；同时证券市场的风险也因各投资者不同的风险偏好而进一步得到分散。

当然，任何模式都不是完美的，资本市场主导的科技金融模式也不例外。首先，对于高新技术企业来说，从银行获得贷款要比从资本市场获得资金支持更具有连续性；其次，企业股票在市场上的非正常转让（包括恶意收购）等会影响企业的正常经营；最后，这种模式对证券市场的流动性要求很高，证券市场不发达的地区很难采用此种模式。

（二）银行主导型科技金融模式

该模式下，银行成为高新技术企业融资的主要渠道，间接的银行融资在企业融资中占主要地位，成为企业主要的资金来源。但银行主导模式与资本市场主导模式相比存在不少缺陷，主要表现为：首先，银行债权融资与高新技术企业的收益模式不相匹配。在技术创新的早期，企业因技术研发与创新带来的不确定性经受了很大的风险，银行经受风险为企业提供贷款，但对未来企业收益却难以享受，风险和收益的不对称使贷款市场失灵。其次，这种模式有可能进一步集聚风险，使金融系统的稳定性遭受破坏。银行如果在不能有效控制风险的情况下增加科技贷款比重，银行将面临运营风险的增加，从而破坏整个金融系统的稳定。

二　政府主导型科技金融模式

该模式下，政府对金融资源的配置起到了关键作用。政府对科技型企业及高新技术产业融资的支持方式主要有贷款贴息、信用担保和提供直接融资等。

该模式存在的原因主要有以下几点：一是基于信用体系和担保体系的不完善导致信息不对称，政府有责任也有必要为解决这种市场失灵问题提供资金支持，弥补市场空缺，治理市场失灵。二是科技研发创新活动具有公共物品属性使企业的投入收益不相宜，最终导致风险收益不匹配，企业很难从外界获得足够的金融支持，政府理应规范并调控科技金融市场。三是大多数国家或地区都将科技视为竞争战略，并且科技投入拥有正溢出效应。因而，政府的资金支持能够有效放大社会资本，发挥"杠杆作用"。

但从长远来看，绝对的政府机制驱动的科技金融模式是不存在的。而这种模式在短期、局部则是能够存在的，其存在往往与国家的产业经济政策相依托，比如，像国防业这种特定行业，其就是政府主导型的科技金融模式；再如，实施重大政策、战略时所处特定时期的科技金融模式以及落后地区等特定领域的科技金融模式都是政府主导型的科技金融模式。

三　社会主导型科技金融模式

在社会主导型科技金融模式下，主要采用自我融资和非正式融资方式，而资本市场融资和银行信贷则显得重要性和必要性大大降低。高新技术企业的融资主要依靠社会家庭关系如亲属、好友、业务伙伴等提供。这种融资方式的突出优点是融资速度快、节省时间；严重的信息不对称则是银行主导型科技金融不可避免的缺陷，资源配置效率不高也成为政府主导型科技金融的一大弱势。社会主导型科技金融模式是对前两种模式的有效补充。当然，该模式也存在一定的缺点：一方面，能够采用该模式的范围太小，该模式只适用于有特定社会制度和文化背景且重视社会关系网络的企业。另一方面，由于监督管理机制不完善，自我融资与非正式融资机制流动性差，过度依赖该模式会导致现代金融体系发展停滞。再者，靠这种社会关系融资，资金大多来源于个人、家庭，规模小且融资总量有限。

第三节　科技金融的构成体系

作为相对独立的金融体系，科技金融的构成体系包括科技金融机构体系、科技金融市场体系、科技金融产品体系及科技金融监管体系四个部分。

一 科技金融机构体系

(一)创业投资引导基金

处于种子期及初创期的高新技术企业,其创新性研究所产生的阶段性成果具有公共物品的性质,较难吸引私人部门的资金参与。由此而带来的市场失灵或市场缺陷需要财政资金的投入,早期各国(地区)都积极采用公共财政资金投入保障科技创新。但公共财政的直接拨付虽能解决资金匮乏的问题,但却无法解决资金使用效率的问题。在缺乏监督的情况下,不仅无法保障资金的投入效率,且激励机制的不健全也可能影响科技创新活动的展开及科技型中小企业的培育。基于此,公共金融模式成为替代财政支付用于解决资金来源及创新效率问题的途径。

创业投资引导基金即是公共金融的代表。创业投资引导基金"由政府出资设立而依照市场化模型进行运作的具有政策导向型的基金",不以营利为目的、采用市场化模式运作是创业投资引导基金的特征,其构建的主要目的是为高新技术企业提供孵化资金,以及有意识地引导社会资金进入创业投资领域。以色列的 Yozma 及美国小企业公司投资计划都是创业投资引导基金的杰出代表。2008 年,我国在确立政府引导基金设立的法律基础后,各地方政府应声而动纷纷开始尝试创业投资引导基金,以促使地方高新技术企业的早期发展。

创业投资引导基金一般为有限责任人身份 LP(limited partner),只负责提供资本,不负责基金的投资决策和具体运营,资金来源为地方政府成立的创投集团或政策性银行资金;管理者则是普通合伙人 GP(General Partner)身份,由专业的基金管理团队组成。在管理投资上主要表现为以下特征:①运营模式。采用"基金 + 基金管理公司"的模式,创业投资基金仅作为母基金 FOF(Fund of Funds)向创投企业(子基金)注入部分资金,其余部分由创投公司自筹,创业引导基金不参与项目的投资决策,不谋取管理公司的股权。②风险收益。可选保底收益方式,或同股同权、收益共享风险共担等多种方式。③引导方式。采用基金参股、跟进投资和风险补贴等多种引导方式,基金参股需确定对种子基金的相应参股比例而后注入资本;跟进投资是指根据创投企业对种子基金的投资额配比注入相应的资金；风险补贴则是当项目投资失败清算时，引导基金会对投资的创投企业给予一定的补贴。

（二）政策性银行

政策性银行是由政府创立并出资，为配合政府经济与社会发展目标，在特定业务范围内直接或间接进行非营利性金融活动以保障宏观经济调控顺利实施的金融机构。尽管从业务运作角度看，政策性银行与商业银行存在相似之处，但其资金来源及经营业务范围与商业银行存在明显差异：①政策性。政策性金融是为执行国家的产业或区域政策，在贷款利息、期限及条件上，对国民经济具有显著影响的基础性产业或战略性产业给予大量且持续的信贷扶持，且政策性金融在此领域处于主导地位。②诱导性。对处于成长前期、风险较高的高新技术产业，通过借助政策性银行的资金投放间接吸引商业性金融机构参与，分担商业性金融机构风险的同时发挥政策性金融的乘数效应。③补充性。政策性银行资金除多来自财政拨付外，还在于其业务领域较集中在国家政策倾斜的领域或商业金融机构排斥的长期信贷业务方面，不与商业银行产生竞争，或对企业补充担保以协助企业获取商业金融机构的投资。

（三）科技银行

高新技术企业的高风险与商业银行稳健性经营的要求之间存在矛盾，导致商业银行为规避风险而选择减少对高新技术企业的贷款，或在借贷过程中要求有较为严格的信贷评估或资产抵押，使即使发放贷款也无法完全满足高新技术企业的资金需求。但在资金聚集商业银行的环境下，高新技术企业表现出对商业银行资金的依赖。商业银行积极参与科技金融体系，不仅有利于高新技术企业的发展，也有利于商业银行本身调整发展战略形成新的利润增长点。我国《商业银行法》中明确要求商业银行"不得向非银行金融机构和企业投资"，及银行不被允许进行股权投资，因而商业银行在为高新技术企业提供融资服务时一般采用成立科技支行和其他新型金融机构的方法规避政策与风险。

相较于传统商业银行，科技银行在商业模式、管理运营及产品服务等方面进行创新以改善贷款的风险收益结构，促进科技贷款的发展。科技银行的商业模式一般采取市场化运作，为高新技术企业提供债券和股权等多种形式的融资服务或其他金融服务；管理运营如审核及风险管理上则较为灵活，成立专家咨询委员会对作为贷款对象的高新技术企业进行联合信贷评审、提高风险容忍度、加强与其他银行、政府、创投及担保公司的协作分散风险，提高贷款效率，确认高新技术企业的信用；风险管理方面，成立包括技术专家、政策专家、信贷专家和投资专家在内的联合信贷评审委员会，不仅密切关注高新技术企业的财务信息，更注重非财务信息如企业技术、产品及营销模式、竞争对手及市场占有率等因素以把握高新技术企业的发展；产品服务上创新知识产权质押贷款、银保联动的期权贷款、政策性拨款预担保贷款、应收账款质押贷款等贷款产品。

（四）创业风险投资

创业风险投资将较高风险承受能力的分散资金聚集，由机构集中管理，经过专业评估后将资金以权益金融资本的方式投入到高风险但未来可能带来高额回报的高新技术项目中，获得因承担高风险而获取的高收益，同时促进高新技术产业的发展。此外，作为专业投资机构，创业风险投资在给予高新技术企业资金支持的同时，还会借助其专业技能为企业带来组织管理、营销渠道开发及资本运作等方面的经营管理咨询以协助企业成长与成熟，培育企业价值并适时将资本退出企业以完成资本的增殖和资金循环。

创业风险投资与高新技术产业有着天然的关联性，表现为：①共生性。两者间具有相似的成长原因及环境。1946年，也是全球战后第三次科技革命开始之初，世界第一个创业风险投资机构——美国研究与发展企业（AR&D）成立，风险投资与当时的高新技术发展相生相伴。在风险资本发展壮大的过程中先后投入电脑软件、通信、半导体、生物医药等一系列产业，促使包括微软、英特尔、康柏通信、苹果等一大批高新技术企业从创意开始直至最终成为全球瞩目的大型企业。美国风险投资协会（National Venture Capital Association，NVCA）

的调查显示，在受访的风险企业中超过80%为高新技术企业，创业风险投资提供资金获取了这些企业75%的股权。②创业风险投资与高新技术产业的同源性。科技创新过程包括技术研发、成果转化及产业化，三个阶段相互连接，唯有整个环节紧密连接才能完成创新，实现高新技术的产业化发展。作为股权投资的创业风险投资，尽管投资本身是源于资本的逐利性，但其并非仅着眼于眼前短期盈利，而更加关注远期收益。高新技术企业的发展也是通过技术发展以谋求在未来企业利润的最大化，因而高新技术企业也将远期利益作为企业发展的根本目的。另一方面，科技创新是不断发展的动态过程，这种持续更新也成就了创业风险投资的资金为寻求利润不断投入与撤出的资本流动循环。尽管创业风险投资着眼于远期利益，但并非以长期控制企业为主要目的，一旦高新技术企业产品获得市场认可，高新技术企业的内在价值凸显，创业风险投资就会通过股权转让退出企业，实现投资回报转而寻找下一个投资项目。③创业风险投资与高新技术产业都存在高风险性。这种高风险性促使创业风险投资与高新技术企业结合。高新技术产业需要知识、技术及资金相互有效配合，并表现出高投入、高风险，从而高回报率的特征与创业风险投资以高风险换取高收益的内在驱动相匹配。

可见，创业风险投资成为科技创新的重要"孵化器"，而高风险的科技创新为逐利性的创业风险投资提供了良好平台，创业风险投资与高新技术产业的结合不仅解决了高新技术产业发展的资金"瓶颈"问题，更成为产业升级及经济高速发展的核心动力。

（五）科技担保

担保机构不仅是为融资提供担保的金融服务机构，也可以使用自有资金进行投资，即从事创业风险投资业务。一般而言，担保机构通过产品和机制创新为高新技术企业提供包括债权和股权在内的全面金融服务，相较于创投企业而言，担保公司的股权资金注入会降低企业自身股权稀释的风险。

为促进科技银行对高新技术企业进行科技贷款，政府也会设立相应的政策性担保公司为中小企业信用提供担保。政策性担保公司不以营利为目的，由政府财政出资设立，并对担保机构损失账目进行补贴。具体操作方式为：首先，政府注资担保机构或采取补贴的方式启动信用担保链条；其次，担保机构在确定相应承保比率的前提下为高新技术企业贷款提供担保，并收取一定的担保费用，通常政府部门会参与受保企业的资格审查；最后，当高新技术企业发生偿债违约，担保机构按照合约中确定的担保比例代偿高新技术企业借款。

政策性担保公司除直接提供担保外，还与政府共同创建"风险池基金"为科技银行贷款提供风险补偿。"风险池基金"由政府、担保公司或其他机构共同出资构建，作为风险补偿及贴息的资金。当科技银行贷款发生违约，先由"风险池基金"内资金按比例进行赔付，超出部分依据政府、担保公司及科技银行协议比例共同分担。

（六）科技租赁

科技租赁一般采取融资租赁方式，长期租借固定资产并支付租金，在固定资产的有效使用年限内承租人具有使用权。融资租赁属于融资方式之一，支付固定资产租金犹如融资支付利息，因而也可将其认为是一种科技贷款。对资金匮乏的高新技术企业而言，融资租赁为企业提供固定资产进行研发或生产，无须占用过多自有资金，在企业遭遇研发风险或经营风险时也可取消租赁合约，及时调整企业的经营战略。

（七）科技保险

科技创新是高投入且高风险的活动，为了规避科研开发及高新技术企业发展过程中由外部不确定因素而导致的研发项目失败的高风险，针对科技开发风险及高新企业运营风险等成立了特殊的保险机构即为科技保险。保险的风险转移机制和社会互助及管理机制与具有高风险的科技创新活动相契合，科技保险活动的积极展开从风险分散角度为科技创新提供了专业化保障，提高了科技创新及高新技术企业融资的成功率。与国外商业化保险不同，我国保监会及科技部联合下发《关于加强和改善对高新技术企业保险服务有关问题的通知》后，在行政指导下，保险机构开展的金融创新活动，其主要特征为：①集成性。从保险开发角度集成商业性保险与政策性保险，从险种角度则包括财产保险及人寿保险，从保险对象角度，则包括所有从事科技创新的事业单位、企业等。②弱可保性。科技风险并非纯粹风险，还存在项目成功及高新技术企业顺利产业化而实现利润的可能，且科技创新内容各不相同，保险机构无法通过规模化效应开发出同质的保险产品，对于保险企业并无利益驱动而主动进行产品开发及维护。此外，科技创新项目的失败很可能是人为原因导致的，因而易产生道德风险。③信息不对称。尽管信息不对称是保险活动中共同面对的问题，但科技创新的不对称性尤为突出，高新技术企业及科技创新活动并无连续性的开发数据，不能依据过去数据进行风险评估，且科技创新中所面临的风险较为复杂，具有多重不确定性。

（八）科技金融中介机构

在科技金融供给方与需求方之间提供联结及服务的机构被称为科技金融中介，包括营利性服务机构与非营利性服务机构。营利性服务机构为科技金融的供给方与需求方之间提供资金供需相关信息以减少科技金融市场中的信息不对称，包括信用评级机构、资产评估机构、会计师事务所对科技金融需求方资质提供验证，律师事务所提供契约服务，担保企业提供担保服务。非营利性服务机构则主要为政府部门下属的事业单位，凭借自身优势组织科技金融活动为科技金融供需双方提供信息交流服务，引导资金流向，如高新产业园的管理部门组织项目推介活动等。对科技金融供给方而言，中介机构对企业进行独立调查，揭示企业风险及技术价值，为融资决策提供参考意见；对科技金融需求方而言，中介的信用评价及估值，能帮助企业了解自身的技术水平及将面临的风险，并进行必要的改进以获得更多资金支持。

融资担保机构、资产评估机构、信用评级机构、会计师事务所及信息咨询服务平台等是科技金融体系中最为典型的服务中介机构，作为第三方主体，科技金融服务中介能减少科技金融供求双方的信息不对称，提高融资效率。在科技金融服务中介机构中，担保机构主要分散及承担企业融资所产生的风险，减轻金融提供方的违约风险；资产评估机构则主要对高新技术企业主要资产及技术进行评价估值，为其他中介及金融机构提供判断企业信用状况的依据；信用评级机构则采用定量与定性结合的方法充分揭示企业的技术及经营风险，为金融机构提供参考依据；会计师事务所出具相应的审计报告；信息平台的主要作用则是为解决资金供给方与需求方间供需不平衡问题，或为技术供给方与技术需求方的技术对接提供服务等。科技金融服务中介通过甄别、筛选，将优质企业与劣质企业进行区别，为促进科技金融体系良性发展提供必要的服务，从而构建起科技金融供给方与需求方之间的桥梁。

二 科技金融市场体系

投资者具有不同风险偏好，目的是让资金在资本市场中分散风险或获取最大化收益，而融资者具有不同规模与主体特征是为了在资本市场中更好地寻求资金，投资者与融资者的多样化造就了对多层次资本市场的需求。因而，资本市场的构建应满足处于不同发展阶段的企业的融资需求与融资特点，依据不同投资主体的风险偏好及规模，建立起多样化分工与协作的多层次资本市场体系。资本市场拥有强大的资金资源，各层次资本市场之间相互协调、共同配合形成资本体系。多层次资本市场为处于不同发展阶段的科技创新活动提供了资金支持，同时提供了相应的科技金融服务。从较高层次的主板市场向三板市场，风险程度不断增大，相对于融资企业上市限制将逐渐降低，当高新技术企业或科技创新活动的发展更为成熟、潜在风险逐步降低时，其选择的资本市场也会逐渐向高层次的资本市场推进（见图 5 - 1）。

金融资本是经济发展的推动力，非生产力的组成部分。资本市场与科技第一生产力的结合，使资本市场发展具有微观基础，也促使科技借助资本乘数效应提升整体经济增长。多层次资本市场是科技金融体系中的主要组成部分，一方面资金供给方借助资本市场的资源配置功能，为高新技术企业的产品化及产业化过程提供大量资金支持，同时促使较强风险承受能力的资本集中流入高新技术企业，为高新技术企业在短时间内实现规模扩张创造机遇；另一方面，通过资本市场的资源配置及价格揭示机制，促进资金与技术的结合，了解市场对企业及企业高新技术的认可程度，从而促进企业对高新技术发展方向的选取，以及对企业内部经营及管理的把握。资本市场为高新技术企业发展提供了支持与保障，高新技术企业也成为资本市场发展过程中的重要组成部分，与资本市场的可持续发展紧密联系。

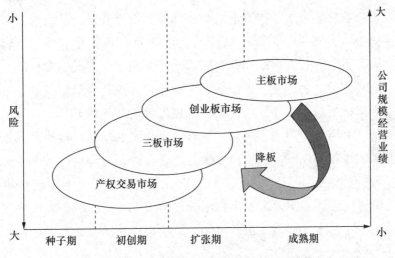

图5-1 企业生命周期与多层次资本市场选择

经过20多年的发展，我国资本市场尽管相较于美国资本市场在制度及运作上还算不上成熟，但也基本形成了具有我国社会主义市场经济特点的多层次资本市场体系，其主要包括三个层次、五种类型的交易市场（见图5-2）。

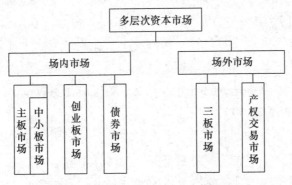

图5-2 我国的资本市场结构体系

（一）主板市场

主板市场是大型企业融资的全国性证券交易市场，也被称为股票一板市场。作为主要的资金配置场所，主板市场处于多层次资本市场的最顶端，针对所有投资者进行公开资金筹措，基于全局性考虑保障所有投资者对风险水平的要求，对寻求资金而公开发行股票的公司设置了更为苛刻的条件，在主板市场上市的公司其盈利水平、经营状况、资产规模等各方面指标都有较为严格的限制。主板的发行制度并不适宜科技型企业，在主板市场上市的企业需进行材料申报，经过多头部门审批后最终方能核准，核准后还需接受一年的辅导，往往从申报到最终上市经历两三年时间。但对于科技发展，两三年的时间足以使某项技术得到飞跃，也就使急于获取资金进行研发或科技产品转化的企业失去对无形资产或技术的先机，从而失去了企业发展的可能性。此外，发行成本较高及审核不确定性大也是科技型企业无法在主板市场上市的主要原因。由此可见，主板市场更适合处于传统行业且稳步发展的大型企业，对高新技术企业并无裨益。

在我国资本市场发展的过程中，于2004年开始设立了中小企业板，为主业突出、高成长性及具有高科技含量的中小企业提供了扩充融资的机会。一方面为鼓励中小企业创新，解决中小企业创新的资金"瓶颈"；另一方面为创业板的建立奠定基础。但从发行条件，特别是有确切数字要求的财务条件及股权要求都与主板上市公司相似，仅在发行规模、企业所处行业及成长性上与主板上市公司略有差异，且上市后需遵循严格规定以改善企业内部治理结构和增强信息披露质量，达到保护投资者权益的目的。我国中小企业板从本质上而言，与传统意义的主板市场更为相近，其发行条件及交易机制与创业板均相去甚远，因而，中小企业板应归类为主板市场，成为主板市场的一部分。

（二）创业板市场

创业板市场是地位仅次于主板市场的另一场内交易市场，也被称为二板市场。发展较为成熟的创业板市场即为纳斯达克（NASDAQ）市场，我国深圳创业板市场也为上述所指的二板市场。创业板市场主要针对具有较高成长性的科技型企业，其发行条件相对于主板上市公司要求较低，而信息披露制度及退市制度等管理要求则相较于主板市场更加严格，进而形成了进入门槛低但运作要求严的特征。创业板市场的构建，一方面满足了科技创新企业的资金需求，通过逐步完善的多层次资本市场的构建，形成了风险与收益对等的直接融资机制，从而缓解了科技型中小企业的融资缺口，并通过引导社会资金投向，调动风险投资、银行等金融机构为科技型企业发展提供适宜金融服务的积极性；另一方面，在创业板较为严格的运营管理制度要求下，实现了科技型企业在发展过程中的优胜劣汰，在科技型企业早期发展过程中，凭借科研理念或成果吸引风险投资的关注，而后凭借科技成果或商品取得资本市场的青睐，资金的选择也成为市场对科技创新认可程度的预判，形成了科技创新的预先选择机制。而科技型企业在创业板中获取资金的同时也接受市场制度监督，如企业或技术遭遇发展"瓶颈"时则被商品市场淘汰，也会通过退市机制被资本市场淘汰。此外，资本市场股权及期权的流动性鼓励科技型企业员工积极参与企业价值的创造，并从企业的发展中获得收益，解决了科技金融资金投入后激励或约束缺位的问题，成为企业不断创新的不竭动力。

（三）三板市场

三板市场也被称为场外交易市场，是为高新技术企业提供股权融资的场外交易场所。作为证券交易所之外的交易市场，对企业的规模及经营情况要求较低，因而风险较大不适应公开发行，组织方式以做市商制度为主，投资者与证券商进行一对一交易。三板市场列于主板（一板）及创业板（二板）市场之后，因而取名为三板市场，相较于主板与创业板市场的场外交易面向更多更为广泛的投资者，三板市场的交易主要在场内进行，即在小范围内进行股权转让，为处于初创期和扩张期具有发展潜力的科技型企业提供资金，也为创业风险投资机构的资本退出另辟蹊径。因此，三板市场是借助证券公司的中介功能，通过场外柜台交易进行资本与风险交换的新型资本市场。在较为完善的美国资本市场中，场外电子柜台交易市场（Over the Counter Bulletin Board，OTCBB），是由全美证券商协会管理的柜台证券交易实时报价服务系统，任何未在纽约证券交易所及纳斯达克登记或上市的证券，包括股票、认股权证、证券组合及存托凭证等多种形式债券都可以在该市场上进行交易。尽管交易报价方式与纳斯达克相似，但上市要求及上市方式却更为灵活，在只要 3 名做市商为证券做市的前提下，无论企业规模及盈利与否都可申请挂牌。OTCBB 上市的公司并不能进行新股发行，对于挂牌的企业而言，OTCBB 市场仅是提供了一个向场内市场过渡的场所，在柜台市场进行资产重组促使自身改造升级，或被收购及被注资提升业绩，最终达到主板上市的要求。

我国的"代办股份转让系统"于 2001 年 7 月 16 日正式开放，采用证券公司代办及电子交易的方式，为预先在市场挂牌的非上市股份有限公司提供股份转让的规范服务。创立之初，三板市场作为中介流通场所其主要目的是为解决主板市场退市后公司股权继续流通的问题，此外，还包括为早期全国证券交易自动报价系统（Securities Trading Automated Quotations System，STAQ）及 NET 系统（National Exchange and Trading System）中挂牌公司遗留的法人股流通提供支持。由此可见，早期的三板市场并非是组成多层次资本市场为科技创新提供资金、分散风险的有效场所。至 2006 年，我国三板市场中挂牌股票品种过少，质量较低，风险过大，难以吸引投资者参与，使三板市场挂牌公司流通性不强，企业无法通过资产重组或资金注入获得生机，进而使再转入主板上市的难度增大，三板市场的发展也因此长期停滞。

为改变我国场外市场发展显著落后于场内市场的局面，也为科技金融发展添砖加瓦，我国于 2006 年对三板市场挂牌公司的类型进行了拓展，新添加了中关村科技园区的科技型企业。在新鲜血液的注入下，三板市场企业的挂牌要求及交易规则都发生了变化，为区别之前的原三板市场，添加科技含量的三板市场被称为"新三板"。2006 年，"新三板"产生之初，挂牌企业仅限于中关村内的科技型非上市股份有限公司，通过股份报价系统在机构投资者间进行股权转让。在政策支持及更多的 IPO 预期下，"新三板"的资金流入逐渐增多，更多具有融资需求的科技型企业开始关注"新三板"的扩容，"新三板"的挂牌对象开始面向更多国家级高科技园区企业，包括武汉、上海及西安等各省区科技园区企业也逐步进入新三板，只需企业满足相关条件即可在新三板挂牌交易。

基于新三板企业仍处于孵化阶段不能立即体现价值，因而新三板的构建为投资者提供了进行长期价值投资的平台。资金的稳定性不仅解决了科技型企业的融资问题，还使企业价值得到培育。此外，新三板也为企业提供了良好的专业服务，包括对企业内部公司治理结构的调整，对企业信息披露的要求等都将比照上市公司制度，因而对于企业本身而言起到了规范管理的作用，从而为企业日后公开上市奠定基础。新三板的构建成为科技金融体系中不可缺失的部分，正是新三板的构建为科技金融中的科技资金提供了退出机制，使科技资金能顺利完成对科技创新活动的支持，也为更多需要资金的科技创新活动提供了获得资金的机会。

（四）产权交易市场

广义的产权交易是指资产的所有者将资产所有权或经营权有偿转让的活动。从理论角度而言，在产权交易市场中的产权交易是包括所有资产所有权与经营权，但就我国实际来看，产权交易市场的主体多为企业，是企业进行产权有偿转让的各种交易场所，包括区域性的产权交易所、承包租赁市场及资产调剂市场等。产权交易市场成为买卖双方进行产权交易信息沟通的平台，缩短产权交易者的交易时间及交易成本，减少信息不对称，此外，公开的交易平台借助更加透明化的交易形成价格规范，并构建出相应的交易程序及规则。

产权交易市场的构建也为创业风险投资出售转让企业的股权实现资本退出提供了另一个途径，由此可以通过产权交易市场的中介作用，实现风险资本的循环增值。

（五）债券市场

债券市场是发行及买卖债券的金融交易场所。债券的场内交易场所当属上海及深圳证券交易所，而场外交易场所一般则是指证券经营机构，包括银行间交易市场或其他机构投资者采用通信手段形成的交易市场。高新技术企业因本身的高风险性单独发行债券，从规模及风险程度上可能都无法获得投资者的青睐。因而，高新技术企业的债券发行必然需要借助其他力量，进行金融产品的创新方能发行成功，如采用以产业园区或地方政府主导下发行集合债券的方式或在信托公司的组织下打造集合债券信托基金的模式等。

三　科技金融产品体系

（一）开发性金融科技贷款

各地区科技金融发展中，政策性金融发挥了重要作用，政策性金融的科技金融产品创新模式在我国被称为"开发性金融"。政策性银行并不对一般企业进行直接融资，对缺乏大规模且持续性资金来源的高新技术企业，政策性银行与地方商业银行、科技小额贷款公司及地方政府下属创投公司或创投引导基金合作，共同为处于初创期的高新技术企业提供资金。为支持科技创新，我国国家开发银行展开了一系列定向的科技贷款创新：一是产学研贷款。向科研院所、学校或校办企业的高科技研发项目提供贷款。二是科技园贷款。向国家和省属高新科技开发区等科技园的基础及配套设施提供贷款。三是创业投资基金贷款。向中央部门联合设立、地方政府设立及各地区有实力的融资平台设立的创业投资基金直接发放贷款。四是科技型中小企业贷款。通过科技型中小企业贷款平台向科技型中小企业发放贷款，或对其特定的科技项目发放贷款。

（二）商业银行科技贷款

尽管高新技术企业所处的发展阶段不同，金融支持模式与方法也存在多种形式，但一般而言，科技银行与高新技术企业的结合主要采取以下几种途径。一是商业银行先控股成立科技银行或风险投资机构，再由下属机构以股权或债权的形式为高新技术企业投资，将信用风险从商业银行剥离，同时为高新技术企业提供资金。二是在政府或其他科技担保机构担保及科技保险的协助下，由科技银行为高新技术企业提供较低利息的贷款。三是与投资公司或创新风险投资基金合作，提供贷款与投资的联动服务。

作为初创期的高新技术企业不仅缺乏资金支持，而且缺乏投融资管理、产品定位、市场分析以及企业内部管理的经验与人才，因而需要科技商业银行提供更为全面的金融服务，如投融资咨询、项目评估、企业年金资产托管及资本市场运作等。因此，科技银行在提供贷款基础上，还可为高新技术企业提供理财及资本运作等全面的金融服务，从而进一步获取企业信息，降低贷款风险。

（三）科技担保

从产品创新角度来看，科技担保改变了传统担保的收益模式，通过采用创业担保、担保换期权和担保分红等收益补偿手段满足了种子期高新技术企业的需求；激励机制上则主要采用项目跟投（担保公司内项目团队及其他员工可跟随项目投资）的方式以规避道德风险，并从股权或股票期权中获得远期收益以达到激励目的。

表5－1　　　　　　担保公司创新担保产品与传统担保比较

品种	创业担保	担保换期权	担保分红	传统担保
企业生命周期	种子期、初创期	初创期、成长期	成长期	成长后期、成熟期
典型交易结构	免保费，获取股权、股票期权及投票权	收取优惠担保费并获得股票期权	收取优惠担保费并获得收益分红权	收取担保费
收益期限	企业存续期或股权持有期	企业存续期或股权持有期	约定期限	担保期限
收益构成	"股权收入＋期权收入"	"担保费＋期权收入"	"担保费＋分红收入"	担保费

（四）权益资本投资

私募股权投资是创业风险投资的一种形式，可为处于种子期、初创期、成长期及成熟期等首次公开发行前各阶段的高新技术企业提供权益投资。依据投资阶段不同，还可划分为创业投资、发展资本、并购基金、不动产投资及首次公开发行前资本投资等权益投资项目。投资机构或个人采取非公开方式，由基金管理人私下与募资企业协商，通过签订股权协议向企业注入资金，并依据所持有股份享有表决权。

天使投资也是权益资本投资的一种方式，但与创业风险投资存在差异，天使投资是自由投资者或非正式的风险投资机构对科技创意项目及初创期小型科技企业进行的一次性前期投资。因项目仅是创意，并不被创业风险投资所看好，因而在资金需求上只能求助于这种非组织也非专业的风险投资商，而其资金来源大多是民间资本，并非专业的金融投资机构。

四 科技金融监管体系

一般而言，爆发金融危机与金融脱离产业发展而过度杠杆化相关。科技金融的发展与金融危机相伴而生，在科技创新技术转化获得相应的产品后，随之而来的是新兴产业的发展，新兴产业产品所获得的超额利润吸引了大量不同风险偏好的金融资本涌入，为规避风险金融机构会通过金融创新进行风险管理。在第一次科技革命中产生的股份公司形式，即是一种风险规避方式。此后，随着金融产品与服务的创新，对风险管理的方式更为多样化及复杂化。目前，提供资金融通的金融机构一般采用的风险管理方式包括：一是风险持有，即在提供资金融通前进行全面而严格的审查，从而保障机构所承担的风险能与最终收益相匹配；二是风险转移，即风险资产的证券化，借助金融市场的风险分散功能将风险资产转移给非特定的投资者，从而使资金的融通机构就由原来的风险承担者变成风险经营者；三是风险对冲，即在风险资产持有期间执行相应的保险契约，或在现货交易时同时进行远期交易，因为金融产品创新与产业的结合容易导致过度投资，出现新兴产业的泡沫化，而为减轻风险进行风险转移与对冲则易导致过度杠杆化，进而导致泡沫破裂最终促发金融危机。由此可见，科技金融发展并非必然会导致金融危机，只有当金融创新脱离创新形成的实体经济本身，而过度杠杆化后才会导致金融危机的爆发。历次金融危机的爆发已经用事实证明了这一发展过程，2008 年美国的金融危机也是如此。

由此可见，金融资本与科技创新带来的实体产业结合程度越高，风险化解的能力就越强。因为高新技术产生的新兴产业处于边际收益递增阶段会带来财富的激增，但金融资本回报率低于产业回报率，回报速率也显然慢于产业财富的增长速率，而少量的创新失败会被其他创新成功所获得的高额回报所弥补，使触发危机的因素被吸收。但是当金融创新脱离产业发展而过度杠杆化时，金融机构会脱离实体经济回报而产生过多的流动性，最终导致泡沫的形成。为避免泡沫化触发金融危机，美国政府在危机过后，强化了对金融机构的监管并改革了贷款机制，收紧了金融机构的投资权限，并在美国政府通过的《金融改革法案》中特别强调银行将贷款与其他资金作为投资衍生品捆绑销售而进行风险转移或风险对冲时，必须留存 5% 的贷款额，并要求对新的金融衍生品进行严格审查，即控制金融脱离实体经济发展的创新。

面对科技金融日益激烈的竞争，风险投资机构将更多资金与资源投放到处于成长期的高新技术企业。与此同时，天使投资也越来越重视科技金融的发展，通过采用天使加孵化器的模式对新兴科技企业进行集中培育，不仅为创业者提供了资金支持，还为其提供了人际资源及经营管理方面的宝贵经验。[①]

第四节　科技金融发展的国外经验

一　以美国为例

（一）成熟的政策性金融机构和法律环境

1. 美国拥有专门的政策性金融机构

在 20 世纪 50 年代，美国就专门针对科技发展制定了《小企业法》，用来规范科技型企业的发展，同时根据《小企业法》的有关要求，结合当时美国经济发展和机构设置情况，成立了独立的永久性机构——美国小企业管理局（SBA），并在地方设立了小企业办公室。SBA 的主要职能是为中小企业提供私募股权基金投资，同时也是为了

---

① 林伟光：《我国科技金融发展研究——理论基点及体系构建》，博士学位论文，暨南大学，2014 年。

提高科技型企业创新的成功率。另外，还存在相似职能机构的参议院小企业委员会、法务部小企业部和商务部小企业部。

2. 美国政府通过设立较为完善的法律支持体系保护扶持科技型企业

作为典型的市场经济体制下的法治国家，美国围绕科技型企业投资、创新发展、技术革新等方面颁布了《经济增长和税款减免的和解法案》《国内税法》《史蒂文森—韦德勒技术创新法》《国家竞争技术转移法》《网络及信息技术研究法》《反垄断法》等一系列法律。通过法律法规的完善规范了科技金融的发展方向，也为科技金融的发展提供了良好的政策环境。

（二）健全的科技型企业服务体系

1. 完善的资金支持体系

科技型企业发展最需要突破的就是资金"瓶颈"，美国为解决科技型企业的资金缺口，根据企业不同成长期风险的不同和对资金的不同需求设立了专项资金。同时，利用政策性金融机构作为资金投放的窗口，将专项资金打包成若干个"贷款包"，合理地投放到科技型企业手中。

2. 成熟的信用担保体系

经过多年发展，美国逐渐形成了分散和规避风险的信用担保体系。该信用担保体系覆盖范围广，具体包括中央机构、地方政府、社区等，此外，还通过规定担保比例来分散风险，利用透明的制度和规范的管理来约束和规避风险。

（三）发达的资本市场体系

美国拥有世界上最发达的资本市场，主要包括三个层次：一是主板市场，主要是纽约证券交易所；二是二板市场，主要是美国证券经纪商协会自动报价系统和美国证券交易所；三是场外交易市场。这三个层次的市场紧密相连，为企业和投资者提供了投融资机会，此外，美国还具备发达的债务市场，这也极大地推动了美国科技金融的创新与增长。

二　以日本为例

（一）以银行为主导的金融体系

作为世界上专业化最强、系统最庞大复杂的银行体系之一，日本银行体系拥有长期稳定的资金供给。

1. 活跃的金融市场拥有强大的资本实力

日本经过金融体制改革后，金融市场中的银行、保险、担保机构等金融机构间相互渗透、相互交叉，金融体制更加健全，为支持中小型科技企业的发展创造了条件。同时，金融持股公司不仅资金实力大增，其抵御风险的能力也大幅提高。其主要为企业生命周期的不同阶段提供相应的融资服务，当企业步入成熟期后，金融持股公司则利用股票市场和债券市场为科技型企业提供直接融资服务。

2. 经过金融体制改革，日本不断创新融资工具，允许银行贷款证券化

所谓银行贷款证券化，是指银行为规避风险，可以将应收账款打包出售，非银行机构也可以将某些坏账准备出售。通过贷款证券化，增加了银行的资金流，缓解了资金压力，不仅使银行获得了较高的收益，还有效降低了银行资金不足的风险。同时，银行贷款证券化能够有效解决金融市场信息不对称的问题，为高风险性科技型企业融资提供了渠道。

3. 日本拥有健全的知识产权质押贷款体系

在日本政府、金融机构、企业三方的努力下，日本的知识产权质押担保体系迅速发展并逐渐成熟。根据相关法律的规定，日本政府成立了政策性金融机构，丰富了科技型企业贷款的形式，引导社会性金融机构以专利权质押为担保向科技型企业提供资金支持。同时，企业也可以根据自身需要盘活资金，加强资金流动，较好地控制贷款风险。

（二）宽松的资本市场

伴随着金融改革和体制重组，日本宽松的资本市场对科技金融的发展起到了至关重要的作用。通过解除对传统金融机构的贷款范围限制，增强了金融市场资金的流动性；允许日本企业在国内和国际市场

发行无担保的公司债券等，进一步放松了对资本市场的管制。通过改革，日本逐渐形成了涵盖国内外各种类型参与者的开放型、多元化金融市场体系，为科技型企业贷款融资提供了很大的便利。

（三）完善的政策法规

日本是亚洲最早发展创业风险投资的国家之一。自20世纪90年代开始，日本相继颁布了《投资实业事业有限责任组合法》《中小企业创造活动促进法》等一系列法律法规，为创业风险投资提供了良好的法律和制度环境，降低了科技型企业的创业投资风险。

三　以印度为例

（一）完善的法律法规和坚实的政策基础

印度政府重视科技创新方面的立法，在推动科技创新、科技成果转化方面，印度政府通过立法树立了科技政策的权威性，确保了印度在世界范围内的科技领先位置。从1958年的《科学政策决议》到2013年的《2013科学技术和创新政策》，印度科技金融的机制建设，包括财政投入、政策性风险投资基金、中小企业技术创新计划等都是建立在政府颁布的重要文件及相关法案的基础之上，在这些权威性政策支持下，印度构建了庞大的科技研发体系和科技研发计划。

（二）科学的科技创新计划和专业的机构设置

印度政府建立了科技创新流转资金计划、科技企业化发展项目计划，设立了国家科技企业发展委员会、技术应用基金等机构，配合法律法规，共同促进了科技型中小企业的发展。[①]

第五节　科技金融发展的国内经验

一　中关村示范区

（一）发展状况

2009年3月，国务院正式批复中关村科技园区建设国家自主创新

---

① 孙伟伟：《地方政府推动科技金融发展的作用研究》，硕士学位论文，山东财经大学，2016年。

示范区，强调要在深化科技金融改革创新等方面先试先行。目前，中关村"一区多园"的空间格局包括东城园、西城园、朝阳园、海淀园、丰台园、石景山园、门头沟园、房山园、通州园、顺义园、大兴—亦庄园、昌平园、平谷园、怀柔园、密云园、延庆园十六个园区，已经发展成为首都跨行政区的高端产业功能区。在科技金融领域，作为全国首个同时也是发展最成熟的国家级自主创新示范区，中关村在科技金融领域的探索已经成为全国各地学习的"风向标"。

（二）科技金融的产业依托

在 2013 年年初中关村管委会发布的《中关村战略性新兴产业集群创新引领工程（2013—2015 年)》中，确立了六大产业集群为中关村优势产业集群，分别是下一代互联网产业集群、移动互联网和新一代移动通信产业集群、卫星应用产业集群、生物和健康产业集群、节能环保产业集群、轨道交通产业集群。除了六大优势产业集群，中关村还确立了四大潜力产业集群，包括集成电路产业集群、新材料产业集群、高端装备与通用航空产业集群、新能源和新能源汽车产业集群。2015 年前 10 个月，中关村"6＋4"战略性新兴产业实现总收入20427.1 亿元，在示范区各产业总收入的比重达到 72.0%。

（三）中关村科技金融政策体系

中关村示范区重点围绕发展战略性新兴产业、促进重大科技成果转化和产业化、支持企业做强做优做大的战略目标，整合银行业金融机构、各类股权投资机构、多层次资本市场等多方力量，打造了"一条龙"的金融服务体系，满足了处于种子期、初创期、成长期、成熟期四个不同发展阶段的科技型中小企业的差异化金融服务需求，初步形成了"一个基础、六项机制、十条渠道"的中关村科技金融体系。具体总结如下。

1. 一个基础

"一个基础"是指以企业信用体系建设为基础，以信用促融资，以融资促发展。中关村示范区的具体政策包括：①发挥行业协会的作用，大力开展信用宣传和培育。2003 年成立了全国首家信用自律组织——中关村企业信用促进会。②鼓励企业使用信用产品，建立信用记录。在公共政策中叠加了对企业信用的要求，并鼓励银行、担保机构等在信贷评审中使用企业信用报告。③建立信用激励机制。实施企业信用星级评定计划，对于信用等级越高的企业，给予贷款贴息的比例越大。④实施以企业信用为基础的中小企业融资解决方案和企业信用培育双百工程，引导金融机构为信用良好的企业提供优质融资服务，体现企业信用价值。⑤发布《中关村信用促进会三年行动纲要（2014—2016）》。纲要在扩大企业信用规模、提升机构信用服务能力、增强协会对外辐射带动作用等方面确立了阶段性发展目标，成为中关村科技金融创新试点的重要探索。

2. 六项机制

在拓宽企业融资渠道的同时，探索建立了技术与资本高效对接的"六项机制"：一是信用激励机制；二是风险补偿机制；三是以股权投资为核心的投保贷联动机制；四是银、政、企多方合作机制；五是分阶段连续支持机制；六是市场选择聚焦重点机制。

3. 十条渠道

十条渠道包括天使投资、创业投资、境内外上市、代办股份转让、担保融资、企业债券和信托计划、并购重组、信用贷款、信用保险和贸易融资、小额贷款。

在企业发展种子期，中关村采用多种政策性金融和天使投资支持企业发展，包括"零信贷"、展翼计划、车库咖啡创业卡等，以此解决企业面临的"首贷难"问题。中关村先后涌现出了"车库咖啡""创新工场""联想之星"等多种创业服务模式。2014 年 6 月 6 日，国内首家公益性天使培训项目——天使成长营在中关村开营；2014 年 6 月 12 日，全国首个创业服务集聚区在中关村揭牌。

在企业发展初创期，政府通过创业引导基金为企业提供发展资金。中关村通过与优秀创投机构的合作，建立了政府引导资金，通过市场机制筛选高成长企业，充分发挥了"市场选择"的决定性作用，初步建立了促进产业发展的创业投资基金体系。企业接受投资后在总收入、所得税及就业人数方面均获得了较大幅度的增长。目前，中关村参与设立的创投基金承诺出资总规模是中关村政府创业投资引导承诺出资总额的近 18 倍，财政资金引导社会民间资本的放大效果凸显。

在企业发展成长期，中关村主要采取了中小型银行服务风险投资和场外股权交易市场等方式。中关村全面实施了企业信用培育工程、科技担保融资服务工程、信贷专营机构培育工程、科技信贷创新工程、风险补偿机制搭建工程、银企交流公共服务平台建设工程六大融资服务工程，帮助企业拓宽融资渠道，缓解企业贷款难题。中关村探索多年的中小微型科技企业金融服务新模式，是破解科技型企业"贷款难"的成功范例，如瞪羚计划、小额贷款风险保证保险等。

在企业成熟期，主要采取大中型银行信贷、上市融资和并购重组等方式为企业提供支持。中关村积极支持本地企业利用多层次资本市场实现创新发展，在资本市场中"中关村板块"效应不断增强。企业并购重组活跃，一批企业借助并购重组实现了跨越式发展。

（四）问题以及解决方法

作为国内科技金融发展最成熟的地区，中关村在科技金融领域取得了丰硕成果，始终处于国内领先地位。但与国际上发达国家的科技金融发展水平相比，中关村科技金融仍有很大发展空间，具体表现为以下几个方面。

1. 科技金融发展的微观制度基础需要再提升

中关村科技金融的制度基础是相对传统的金融体制，科技金融的发展不可避免受到体制机制的制约。近年来，国内自贸区的发展十分迅速，目前国家已经在上海、广东、天津、福建建立了自贸区，随后又在辽宁、浙江、河南、湖北、重庆、四川、陕西新设立了七个自贸试验区。在自贸区范围内，投资、贸易和金融这三大创新，以及利率市场化、汇率自由兑换、金融业对外开放和离岸金融中心任务将是先试先行的重点领域。科技金融的发展离不开金融微观体制机制改革的进步。自贸区在利率、汇率、对外开放等方面进行的改革，其着力点更加基础，对于科技金融的影响也更具有基础性和颠覆性。目前，中关村未能被列入自贸区的范畴，因而在关键性的金融体制机制改革方面未能占据先机。

2. 科技银行、融资租赁、国际信用证、国际保理、科技保险等创新性金融服务业态发展相对迟缓

目前，中关村的各类创新性金融产品大多是针对发展期和成长期的企业，尽管也有天使投资等为初创期企业提供金融产品，但相比而言针对初创期科技型企业的金融产品和金融服务仍显不足，远远不能满足初创期的企业融资需求。例如，在国外科技金融成熟的国家，科技银行已经成为解决初创型企业融资需求的承担者。相对而言，中关村在科技银行的发展方面依然非常滞后。此外，中关村在融资租赁、国际信用证、国际保理、科技保险等创新性业务方面的发展也不尽如人意。

3. 中关村信用体系建设仍有提升空间

中关村虽然在科技金融创新方面走在了全国前列，但是受整体信用体系建设落后的影响，相应的金融信用信息数据库尚属空白，中央银行能提供的企业征信数据库只纳入了曾经在银行系统有过信贷行为的企业，对于大多数没有获得过银行贷款、没有进入该数据库的中小微企业，中关村无法获得其基本的信用信息，导致很多金融产品和金融服务的创新因为缺乏信用根基而无法成行，大大抵消了科技金融的效率。

4. 部分金融产品的示范效应大于实际效应

虽然科技金融创新使科技型企业融资渠道日趋丰富，但是，信贷融资在所有融资来源中处于绝对优势地位，另外是股权融资处于重要位置，至于债券、风投和创新基金等则处于边缘化地位。短期内中小企业创新基金、知识产权质押贷款、创业投资、创业板等创新方式示范效应大于实际效应，短期内很难改变科技型企业"融资难"的总体状况。

5. 各主体之间沟通协调不畅，尚未形成发展合力

虽然政府、商业银行、金融中介等市场主体对科技金融的建设热情很高，但各市场主体总体上仍处于分散状态。这一原因也同样导致目前中关村各主体之间信息沟通不畅，专注于若干有限创新创业领域的全流程融资服务体系难以快速形成，制约了各类金融产品的实施

效果。

　　针对以上问题，中关村应致力于从以下几个方面积极采取措施。

　　（1）利用已有的改革机制，在金融微观制度方面大胆改革。中关村应该积极利用国家已经赋予的体制机制变革契机，争取在金融和科技体制机制创新方面有所突破，以此为科技金融的发展奠定更加坚实的基础。

　　（2）大力发展科技银行、融资租赁、国际信用证、国际保理、科技保险等创新性金融服务业态。在科技银行方面，建议中关村双管齐下，一方面借助民营资本进入银行业的大潮，中关村可以鼓励民间资本设置科技银行，或者由民间资本入股合作设立，对此给予政策方面的最大支持；另一方面要借助"特区"的优势向国家层面争取利率和汇率政策的最大自主权，积极与外资科技银行沟通合作，力争让合资的科技银行尽早落户中关村。在融资租赁、国际信用证、国际保理、科技保险等创新性业务方面，建议中关村要充分学习借鉴国际经验，大胆创新，科学规划，加速发展。

　　（3）以市场需求为动力推进信用体系建设和金融产品创新。信用体系建设和金融产品创新涉及企业具体经营的微观领域需求。在这些微观领域，目前政府"看得见的手"已经成功地进行了引导，未来的发展需要更多地发挥市场"看不见的手"的作用，使市场真正成为信用体系建设和金融产品创新的驱动力。此外，中关村科技金融各主体之间的分散状态和信息沟通不畅，其根源来自市场自发驱动力量的不足。一旦市场机制更多地发挥作用，这一问题也将迎刃而解。

　　总体而言，目前中关村科技金融的发展仍属于政府外部力量强力推进的阶段，距离形成市场因素驱动、各方利益协调发展的自我循环体系还有很大差距。这也将成为中关村科技金融今后发展的主要突破方向，而实现这一突破的关键在于科技金融发展的微观制度变革。

二　上海张江示范区

（一）发展状况

　　上海张江高科技园区始建于1992年，占地面积约79.9平方公里，是国家级的重点高新技术开发区。1999年上海市提出"聚焦张江"战略，推动张江高科技园区进入了快速发展阶段。2014 年 12 月 29 日，国务院决定上海市自贸区扩区至张江片区，为张江园区带来了新一轮的发展机遇。截至 2015 年 10 月，张江国家自主创新示范区总收入 2.9 万亿元，同比增长 10.4%；净利润 1514.39 亿元，同比增长 5.8%；实缴税收 1297.41 亿元，同比增长 7.4%。

张江示范区在科技金融方面也走在全国前列。目前，张江园区集聚了银行类金融机构 20 家，创业投资机构 34 家。累计支持企业上市 28 家，新三板挂牌企业 25 家，股交中心挂牌企业 19 家。园区陆续推出孵化贷、SEE 贷、互惠贷、创新基金贷、"张江中小企业集合信托理财"产品、张江中小企业集合票据、科技一卡通等，在破解中小企业融资难问题上做了很多有益的探索。

（二）科技金融的产业依托

目前，张江园区注册企业 1 万余家，初步形成了以信息技术、生物医药、文化创意、低碳环保等为重点的主导产业。

信息技术产业。主要包括集成电路、软件与信息服务、光电子、消费电子终端等，其中集成电路产业形成了包括设计、制造、封装、测试、设备材料在内的完整产业链，产值约占全国的 1/3。软件行业也聚集了大批国内外知名软件企业、研发机构，包括宝信软件、美国花旗、印度 INFOSYS、TATA 等，全球企业 30 强中有 8 家、中国企业 100 强中有 11 家在张江设立了研发中心。

生物医药产业。形成了从新药研发、药物筛选、临床研究、中试放大、注册认证到量产上市在内的完备创新链。园区形成新药产品超过 230 个，新药证书超过 50 个，正在研发药物品种近 300 个。目前全球排名前 10 位的制药企业中，已有 7 家在张江设立了研发中心，集聚相关科研机构和研发企业 400 余家。

文化创意产业。以数字出版、动漫影视、网络游戏以及创意设计领域为产业特色，园区集聚了盛大文学、炫动卡通、Blizzard Entertainment（暴雪娱乐）、Electronic Arts（美国艺电）、聚力传媒、沪江网、河马动画等一大批国内外优秀的文化创意企业。2008 年，张江文化产业园被国家新闻出版总署正式命名为全国第一家国家级数字出版基地，2011 年被国家文化部正式命名为国际级文化产业示范园区。

低碳环保产业。重点发展智能电网、水处理、生物燃料、生物脱硫、节能环保设备研发及环保服务业务，林洋电子、益科博等企业迅速发展。

（三）科技金融政策体系

针对科技型企业在传统银行信贷、资本市场等渠道遇到的融资难题以及担保、保险体系的不足，张江示范区在市、区两级科学技术委员会以及财政局、金融办、银监局和知识产权局等部门的支持下，对主体、政策、融资、担保和保险四大层面进行了改革和完善。

1. 在主体层面成立科技金融推进主体

张江示范区专门成立了上海张江（集团）有限公司，以此作为推进园区科技金融工作、集聚科技金融资源、促进科技金融创新的主体。张江集团成立后，已经在人才集聚、股权激励、金融服务、财税支持和管理创新等多个方面进行了很多创新改革。

2. 在政策层面落实科技金融政策体系的配套支持

首先是科技金融机构扶持政策。张江示范区在租房、税费补贴和风险补偿等方面给予了科技金融机构财政支持，形成了一套专门的科技金融机构扶持政策。例如，对创业投资机构缴纳的企业所得税、营业税及房租进行补贴，对担保机构负责的担保项目发生代偿的情况，补贴 60% 的实际损失额。

其次是科技金融产品创新政策。为了促进金融产品创新，张江示范区在风险补偿、担保费用补贴、贴息、科技保险费用补贴等方面实施了一系列相应的支持政策。例如，在贷款贴息方面，对一年期流动贷款给予贷款金额 2% 的资金支持，资金支持总额不超过 40 万元。在科技保险方面，推出科技型中小企业履约保险贷款，补贴 50% 的保费。

再次是直接融资奖励扶持政策。张江示范区采用多种方式对企业的直接融资进行奖励。例如，对于上市融资的企业，示范区在企业改制、上市备案、上市各资助 100 万元；对新三板改制费用最高予以 50 万元补贴，对挂牌费用最高予以 30 万元补贴；对开展债券融资和信托融资项目的企业，以及进入各类融资试点平台的企业，均给予最高80万元的补贴。

最后是股权激励吸引人才政策。张江示范区出台了《关于推进张江核心园建设国家自主创新示范区的若干配套政策》，并出台了股权激励、人才集聚等配套政策。针对股权奖励分期缴纳个人所得税政策尚未在张江示范区实施的实际情况，浦东新区政府在张江核心园设立了总规模为5亿元的代持股专项资金。

3. 加大对科技型企业的融资支持

在直接融资方面，一是成立了张江小额贷款股份有限公司，优先满足高科技创新型企业的融资申请。二是针对新三板上市企业，专门设立了张江专项资金补贴政策，并统筹构建了券商服务平台。在此基础上，张江示范区还积极推动区内具备条件的非上市企业进入代办股份转让系统进行股份转让。三是开发出中小企业标准化投融资创新产品——投贷宝。投贷宝由上海国际集团创业投资有限公司、浦发银行和上海市再担保有限公司于2012年推出，尝试采用"投贷"绑定联动机制，提供"投资＋贷款＋担保"的"一揽子"解决方案，即通过股权投资夯实企业资本金。

间接融资方面，一是积极探索银区合作新模式。张江示范区管理委员会于2011年与中国银行上海分行、交通银行上海分行、浦发银行上海分行、上海银行、上海农商银行、招商银行上海分行、华夏银行上海分行和国家开发银行八家银行签订了战略合作协议，加大了对示范区内科技型中小企业融资的支持力度。目前，已经开发出多种创新性贷款产品，如中国银行的"信贷工厂"模式、交通银行的"园区"创新模式、浦发银行的"银元宝"合作模式、上海银行的"服务用心"模式、上海农商银行的"机制融入"模式、招商银行的"推荐上市"模式、华夏银行的"股权融资"模式等。二是建立新型科技金融机构。张江示范区积极促进商业银行设立专门从事科技信贷业务的科技支行，专注创新型、高科技型企业。三是积极开展知识产权质押融资，推动以合法拥有的专利权、商标权、著作权中的财产权经评估后作为质押，向银行申请贷款。四是探索信用保证贷款。2010

年，浦东新区与太平洋保险股份有限公司、浦发银行、上海银行等合
作开展了科技型中小企业短期贷款偿债保险试点。2012 年，上海联合
融资担保有限公司与上海市科学技术委员会合作推出了"科技微贷
通"的担保产品。五是推动建立科技企业信用互助担保基金担保贷
款。浦东新区政府以 3000 万元财政资金设立了科技企业信用互助专
项资金，引导科技企业认缴部分信用互助基金，共同设立了科技企业
信用互助担保基金。

4. 加强担保与保险在企业融资中的作用

一是融资风险补偿。早在 2008 年就成立了上海张江中小企业信
用担保中心，由浦东新区财政提供 1.7 亿元的专项担保基金，针对上
海市各商业银行对张江示范区科技型中小企业发放的贷款超过一定比
例的不良贷款净损失，由各级政府分担 50%。二是融资性担保。张江
示范区积极发挥政策性担保机构、商业担保机构和再担保机构的作
用，提高了商业性融资担保机构对科技型中小企业的融资服务能力。
对于商业性融资担保机构为张江示范区内的科技型中小企业提供融资
担保所发生的代偿净损失，仍由市和区县两级财政予以补偿。三是科
技保险。张江示范区创新银保合作产品，推出"科技型中小企业履约
保证保险贷款"试点，开创了银行与保险公司联合参与贷款产品的先
例。对于履约保证保险贷款品种，一旦出现科技型中小企业贷款逾期
不还的情况，将分别由上海市科学技术委员会风险补偿金、保险公
司、商业银行按照规定比例承担损失。

（四）问题以及解决方法

总体来看，张江示范区科技金融政策的创新性较强，很多政策的
实施走在全国前列。此外，政策覆盖面广，很多政策都出台了实施细
则，可操作性强。

张江示范区与中关村同处科技金融发展的第一集团，因此与中关
村相仿，张江示范区科技金融政策也面临类似的问题。例如，现有金
融微观制度基础对科技金融已经形成了制约；科技银行、融资租赁、
国际信用证、国际保理、科技保险等创新性金融服务业态发展滞后；
信用体系建设力度不足、各主体之间沟通协调不畅等问题。在问题解

决对策方面，同样需要进一步深化改革科技金融发展的微观制度基础；加快发展科技银行、融资租赁、国际信用证、国际保理、科技保险等创新性金融服务业态；并以市场需求为动力积极推进信用体系建设和金融产品的创新等。

三　武汉东湖示范区

(一)　发展状况

武汉东湖国家自主创新示范区的前身是 1988 年成立的东湖高新区，2009 年 12 月被国务院批复为武汉东湖国家自主创新示范区，从而成为继北京中关村之后第二家国家自主创新示范区。东湖示范区规划面积 518 平方公里，目前建成区已达 100 平方公里，产业园区 43.8 平方公里，包括光电子产业园、大学科技园、光谷软件园、金融港等多个产业园区，正在建设光谷生物城、未来科技城、东湖综合保税区、佛祖岭产业园、中华科技园、左岭产业园、现代服务业产业园、光谷中心城等园区。截至目前，东湖示范区累计注册企业 2.4 万家，其中世界 500 强企业 65 家，上市公司 33 家，新三板挂牌企业 30 家。自 2009 年以来，高新区企业总收入保持年均 30% 的增长速度，经济总量实现 3 年翻番，成为武汉经济高速发展的地区之一。

(二)　科技金融的产业依托

根据产业发展和园区管理需要，东湖高新区成立了光谷光电子信息产业园、光谷生物城、武汉未来科技城、武汉东湖综合保税区、光谷现代服务业、光谷智能制造产业园、光谷中心城、光谷中华科技园八大产业园区。在此基础上，东湖示范区内已形成了以光电子信息产业为主导，生物、节能环保、高端制造业、现代服务业竞相发展的"131"产业格局。其中，光电子信息、生物、消费电子、环保产业等已成为总收入过百亿元的产业。

(三)　科技金融政策体系

1. 加强信用体系建设

东湖示范区启动了中小科技企业征信评级体系建设工作，起草了《东湖国家自主创新示范区促进企业信用体系建设暂行办法》，拟定了中小科技企业信用贷款、担保、融资补偿三个具体实施办法。与国家开发银行、兴业银行等金融机构协商，推动商业银行在东湖高新区开展了科技型中小企业信用贷款融资业务。

2. 积极发挥财政资金的引导作用，创新科技投融资体系

东湖示范区积极深化财政科技资金投入方式改革，引导和带动社会资本参与科技创新。首先，成立了总规模达 2000 亿元的长江经济带产业基金，其中省财政出资 400 亿元，吸引金融资本和社会资本入股 1600 亿元。其次，设立省级股权投资引导基金，基金规模力争到 2020 年达到 50 亿元以上，重点围绕战略性新兴产业的培育发展、传统产业的技术改造和转型升级以及现代服务业等进行投资。最后，省级创业投资引导基金新增财政资金超过 1 亿元，基金规模达到 6.76 亿元，武汉、襄阳、宜昌等市也先后设立了创投引导基金，2015 年年末全省政府引导基金总规模已超过 110 亿元。

3. 大力发展科技金融中介服务组织和服务平台

在服务平台方面，东湖示范区建立了科技企业融资需求信息库、科技金融服务机构信息库、科技人才库、科技企业信息库等数据平台，为科技型中小企业提供了投融资、知识产权交易、科技咨询等系统性、综合性的便捷服务。在科技金融服务机构方面，东湖高新区拥有比较完备的科技金融服务机构，包括商业银行、小额贷款公司、创投机构、保险类机构等。例如，武汉金融超市、武汉科技金融创新俱乐部、"光谷青桐汇"等机构，通过整合银行、创投、担保、小贷公司等资源，为企业提供了融资诊断、帮扶、对接等"一站式"服务，有效满足了区域科技型企业投融资服务的需求。此外，东湖示范区还充分发挥科技园区、孵化器、产业技术联盟和行业协会的作用，积极构建了服务功能完善的全省性科技金融服务体系。

4. 积极拓展融资方式

东湖示范区科技金融体系在企业信用体系建设的基础上，建立了包括信用贷款、质押贷款、创业投资、境内外上市、融资租赁、信用保险及贸易融资、天使基金、并购重组在内的八种融资渠道。

5. 加大科技金融产品创新力度

近年来，东湖高新区内的金融服务机构针对科技型企业在种子

期、初创期、成长期和成熟期等不同成长阶段、不同层次的资金需求，深化科技金融创新，在知识产权质押贷款和股权质押贷款方面取得了显著成效。东湖高新区对知识产权质押贷款承担不少于30%的融资风险。

6. 机制保障

为了推动科技金融体系的发展，东湖示范区专门出台了有关科技融资的六项融资机制，包括信用激励机制、风险分担补偿机制、多方合作机制、差异化持续融资机制、金融人才激励机制、科技金融创新与风险防范互动机制等，为科技金融的发展提供了重要保障。

（四）问题以及解决方法

东湖示范区在科技金融领域已经取得了显著成绩，但与中关村、张江等发达示范区相比，很多方面还存在不足，主要体现在以下几个方面。

1. 市场信用体系不健全

虽然东湖示范区已经开展了企业信用体系的建设，但尚未有关于企业信用评级实施的详细规定，这使实际操作具有一定难度。例如，"最近一个年度信用等级在 BBB 级（含）以上"的规定难以操作。相对而言，其他示范区对企业信用评级的具体操作做了较为详细的规定，而东湖示范区仍有一定差距。

2. 融资服务组织体系建设有待完善

首先，部分政策的可操作性相对薄弱。尽管湖北省、武汉市以及东湖示范区出台了鼓励金融中介机构发展的政策，但实际落实的情况仍需完善，主要体现在缺乏详细、具备现实可操作性的激励政策。其次，中介组织和金融产品活跃度不足。与中关村、张江等较成熟的示范区相比，目前东湖示范区中介组织和金融产品活跃度相对不足，主要体现在：①银行信贷产品规模较小、创新品种较少、银行信贷融资作用发挥不足。②中小企业担保行业发展相对滞后。目前，东湖示范区仍存在担保机构规模小、担保品种过于单一、资本金不充足、担保收益较低、与银行互信不足等问题，制约了科技金融的发展。③资本市场融资规模较小、融资结构不合理。与中关村、张江等示范区相比，东湖示范区在海内外上市企业、累计融资额等方面差距很大。在债券市场方面，如中期票据、短期融资、信托计划等发展明显不足。在股份转让系统试点方面，虽然东湖示范区积极推进了代办股份转让系统的试点，但至今未取得较大进展。

为了更好地解决这些问题，东湖示范区应致力于从以下方面入手。

（1）进一步降低信用贷款的门槛，让更多企业能够获得资金支持。信用贷款门槛应定为年收入 3 亿元以下，且最近一个年度信用等级在 BB 级以上或者金融机构相对应信用评定级别以上，让更多的企业获得资金支持。

（2）奖励开展信用贷款的银行，设立信用贷款风险补贴资金，专门用于企业的信用评级费用补贴、贷款贴息以及试点银行的风险补贴。

（3）完善东湖示范区中介机构服务体系。首先，推出科技金融服务平台，设立统一的东湖企业融资服务申请通道。其次，建立产权交易所、技术交易中心、信息与咨询公司等领域的科技中介服务机构，同时与政务服务中心、科技成果孵化中心、创新创业服务中心相结合，建立社会化、网络化、多元化的中介服务体系。再次，要积极发挥创业投资协会、科技中介机构行业协会、研究会等社会团体的作用。最后，提高中介服务机构的专业化和规范化，疏通中介服务机构之间的沟通渠道，为各种科技金融参与主体的良性互动起到纽带作用。

（4）完善企业上市和股权转让改革制度，形成多层次资本市场体系。东湖示范区对上市企业已经制定了相关激励措施，对后备企业改制上市也实行了分阶段补贴，但这些措施还需要进一步完善。一是要建立股权报价转让制度，制定对股权报价转让企业的奖励，加强对企业上市的激励，拓宽科技企业的融资渠道和资本退出途径。二是要积极探索中期票据、短期融资券、信托计划等多种适合示范区企业的债券融资方式，建立多层次债券交易市场。三是尽快启动新三板扩容工程，让非上市股份公司代办股份转让系统成为企业进入资本市场的蓄水池。四是加快建立面向科技型中小企业的非公开上市公司股权转让柜台交易市场。

（5）大力推动东湖示范区信用体系建设。东湖高新区要完善企业的信用管理体系，在园区内成立信用促进会，积极引入国家级信用征信评价机构，以及相关法律、财务、审计、认证等中介机构，同时建立企业的信息资源库，整合信息资源，尽快实现武汉市区域内的信息资源共享，构建起统一的企业信用咨询系统。

（6）构建东湖示范区科技企业融资担保体系。政府要建立企业信用担保基金，加大对信用担保业的资金支持，要建立再担保机构，以参股、委托运作等方式支持担保机构的发展，鼓励商业担保和互助担保的发展，完善担保行业的组织机构建设。

四　深圳南山示范区

（一）发展状况

2015年，国务院正式批复批准成立深圳南山国家自主创新示范区。示范区总面积为397平方公里，基本覆盖了深圳市所有的科技创新和产业园区，成为我国首个以城市为基本单元的国家自主创新示范区。深圳南山示范区的建设目标是到2020年，率先形成符合创新驱动发展的体制机制，建成一批具有国际先进水平的重大科技基础设施，掌握一批事关国家竞争力的核心技术，推动建立一批产业标准联盟，聚集一批具有世界水平的科学家和研究团队，拥有一批世界知名的科研机构、高等院校和骨干企业。

（二）科技金融的产业依托

深圳南山国家自主创新示范区内诞生了华为、中兴通讯等一批国际知名企业，以及腾讯、迈瑞等新兴高科技领军企业。目前区内已形成了IT、通信、新材料、新能源、生物医药、仪器仪表、医疗器械、机电一体化等高新技术产业群。此外，南山示范区还在这些优势产业的基础上，建立了信息技术、生物产业、新能源、新材料、知识服务业、生物医药、智能交通等十六个产业联盟，自主创新产业向纵深化方向发展。

（三）科技金融政策体系

南山示范区通过改革科技财政资金、风险补偿、风险代偿、财政贴息、建设信息化平台等方式，全力解决辖区内各类科技企业的融资问题。

1. 创新财政支持融资新举措

南山区政府以科技发展专项资金的名义向企业直接提供融资。2008 年南山开始提出"产业化扶持"的口号，区政府通过科技发展专项资金为 7 家企业提供了 2500 万元无息借款，开创了南山科技金融合作的先河。

2. 以风险补偿、风险代偿等方式降低企业融资门槛

2009 年，南山区科技创新局以 6000 万元专项资金作为风险代偿金，通过担保机构的放大功能，共为 52 家企业提供了 5.6 亿元贷款。2010 年，该局与杭州银行合作，以分担风险和贴息的方式，由南山区科技创新局为银行承担部分坏账损失风险和为企业提供部分利息补贴，有效降低了企业融资门槛和融资成本。

3. 多渠道构建科技投融资体系

首先，南山区通过天使投资、股权投资和直接资助等方式，吸引社会资本投入到具有潜力的科技创新项目中。例如，深圳市和南山区启动了天使投资引导，对在深圳市注册、具有独立法人资格且经备案的创投机构投资的、以深圳战略性新兴产业早期项目为主要投资对象的天使投资项目，最高给予 50 万元的一次性资助。其次，银政企合作贴息助力企业融资。在具体实施过程中，深圳每年从财政科技研发资金中安排一定资金，存入合作银行。银行则在该资金基数的基础上，将委托的金额放大 6—10 倍后，再给中小微企业贷款。需要贷款的企业可以先在科技部门申请入库，再由政府将有潜质的入库项目推送给银行。后者自主审贷，自担风险，50% 以上实施信用贷款。银行选择出放贷项目后，政府再通过专项资金予以贴息补助。

4. 积极推出创新性金融产品

2011 年，南山区推出了"成长贷""集合担保信贷""集合发债计划"。2012 年，南山区进一步扩大"孵化贷""成长贷"规模，推

出"知识产权质押贷",创造性地实现了知识产权资本化。2013年到2014年又分别推出了"研发贷""科技保理贷""南山科技金融在线"和"创新研发贷"等科技金融产品。在保险产品方面,政府与保险公司共同推出科技类保险,对已经投保高技术保险的高新技术企业、战略性新兴企业、软件企业予以保费资助,目前已经覆盖了高新技术企业产品研发责任保险、项目投资损失保险等14个险种。

5. 积极推动辖区内金融中介服务机构的发展

目前,参与到南山科技金融的金融机构多达20家,包括银行、担保机构、科技金融银行等。该模式形成了金融机构的良性竞争,也为中小科技企业提供了更好的信贷服务。

6. 搭建南山科技金融在线平台

该平台的建立大大提高了科技金融业务审批、流程节点控制、企业评判评价、数据收集整理等业务的工作效率,有效缩短了企业融资链条。此外,深圳还加快了科技金融服务体系建设,对科技金融服务项目予以资助,包括创投服务、科技金融人才培训服务、信用体系建设服务、投贷联动服务等内容。

7. 建设南山区中小科技企业创新能力综合评价系统

南山示范区设计了专门的"中小科技企业创新能力综合评价体系",该体系由80余项指标构成,从创新能力、管理能力、财务指标和外界评价四部分对企业进行全方位评测,并以此建立了企业融资和未来发展的大数据基础。

(四)问题以及解决方法

南山示范区在科技金融领域已经取得了显著成绩,但相比较中关村、张江等发达示范区而言,在很多方面还存在不足,主要体现在以下几个方面。

1. 覆盖面不足

南山示范区拥有超过1万家科技中小企业,但是目前科技金融政策能够覆盖到的企业仅有700余家,仅占7%左右,还远不能满足广大中小科技企业的需求。

2. 融资方式仍有欠缺

2014 年以前，南山示范区没有成立政府投资引导基金。直至 2015 年，南山示范区才开始计划设立总额达 30 亿元的政府引导基金。此外，直接融资、间接融资等方面规模较为有限，市场活力不足。

3. 对信用体系建设的重视程度不够

信用体系是建立市场化科技金融体系的关键步骤之一，但目前深圳信用体系建设尚未提出相对完整的政策框架，这无疑会制约科技金融的发展。

4. 创新性金融产品不足

目前，南山示范区已经推出国内其他示范区相对成熟的金融产品，如代办股份转让系统、小贷公司等，但更高级的金融产品，如科技银行、融资租赁、国际信用证等则依旧缺乏。

未来，南山示范区应在拓展科技金融政策覆盖度、进一步拓展融资方式、加强信用体系建设、增强市场主体活力、扩大创新性金融产品等方面做出努力。

五　天津滨海新区

（一）发展状况

天津市滨海新区位于天津东部沿海，地处环渤海经济带和京津冀城市群的交汇点，是亚欧大陆桥最近的东部起点。行政区划面积 2270 平方公里，海岸线 153 公里，下辖开发区、保税区、高新区等七个经济功能区、19 个街镇，常住人口 298 万人。滨海新区是天津市的市辖区、副省级区、国家级新区和国家综合配套改革试验区，是国务院批准的第一个国家综合改革创新区，是中国北方对外开放的门户、高水平的现代制造业和研发转化基地、北方国际航运中心和国际物流中心、宜居生态型新城区，被誉为"中国经济的第三增长极"。2014 年 12 月 12 日，滨海新区获批自贸区，成为北方第一个自贸区。

（二）科技金融的产业依托

经过长期发展，目前滨海新区已经形成了以下八大支柱产业：

（1）航空航天产业。形成了"三机一箭一星"的产业格局和制造、研发、设计等整体发展产业体系。空客天津总装线已交付 22 架空客 A320 系列飞机，空中客车工业总产值增长 1 倍；西飞国际开始投产运营；国内首只航空产业基金落户滨海新区。

（2）电子信息产业。聚集了中芯国际、曙光等知名企业，成为亚洲最大的高性能计算机生产基地；物联网重点示范行业和示范区建设启动；三星集团产值恢复到 2008 年水平；富士通天、津亚电子、罗姆等企业也实现效益成倍增长。

（3）汽车产业。现已形成一汽丰田、长城汽车、星马汽车为核心的汽车整车生产基地，集群配套能力不断增强，行业链条更加完善。

（4）石化工业。中海油依托新油气田投产和老油气田改造，实现工业总产值迅速增长；天津石化百万吨乙烯千万吨炼油装置投产，标志着新区石化产业在结构调整和产业升级上取得重大突破。

（5）现代冶金业。面对钢铁产能过剩和国际市场需求低迷，积极调整产品结构和经营策略，拓展企业发展空间，保持了稳定增长。

（6）生物制药产业。聚集了包括大型生物医药制造企业、传统中医药生产企业、生物医药孵化器和医疗器械企业在内的 100 多家企业，产业规模近 100 亿元，年均增长率近 40%。

（7）新能源新材料产业。正光伏电池生产项目落户新区，东汽风电、明阳风电在滨海设立了生产基地，津能大神堂风电厂、龙源马棚口风电厂、国电沙井子风电厂等项目进展顺利。

（8）高新纺织产业。天津高新纺织工业园全面建成投产，园区聚合科研、生产、营销、物流等资源，形成了完整的产业链条。

（三）科技金融政策体系

1. 建成了多渠道的投融资体系

首先，搭建了知识产权融资平台。滨海新区组建了国内首家专业化、市场化、国际化的公司制知识产权交易服务机构——滨海国际知识产权交易所，搭建了以知识产权为载体，合规、高效、可控的融资平台。其次，建立了信用共同体。滨海高新区与天津农村合作银行签订了信用共同体协议，探索建立科技金融发展的新模式。企业与农村合作银行签约后，从贷款中按一定比例提取风险准备金，共同承担风险。信用共同体实现了三个突破，一是模式上的突破，由银、企线式合作转变为政、银、企箱式合作。二是时间上的突破，更加强调金融产品的灵活性，以联合办公高效快捷服务企业。三是后劲上的突破，信用共同体的推进和落实，不仅帮扶企业度过当前危机，也为滨海新区未来经济发展提供了坚强后盾。再次，拓展了股权融资渠道。2012年天津滨海新区成为新三板首批扩容试点之一，与主板、创业板相比，新三板市场门槛相对较低，暂时不符合主板及创业板上市标准但已经完成股份制改造的企业都可能进入。最后，股权投资基金服务初创企业。滨海新区推动股权投资基金加速集结并快速发展壮大，截至2015年年底，新区累计注册股权投资基金及基金管理企业近两千户，已经成为全国股权投资基金增长快、活跃度高、机构集中的地区之一。

2. 初步构建了一体化科技金融服务体系

首先，组建了科技金融专营机构。2013年滨海新区成立了滨海新区科技金融投资集团，并逐步创建了科技贷款、科技金融租赁、科技再担保、科技企业信用管理等一系列专业经营公司，搭建了产业基金、股权投资、科技贷款、科技租赁、信用管理等全方位的金融服务体系。同时，滨海新区还发起设立了首只科技金融基金，全力促进了创新型产业的发展。其次，搭建了科技企业与资本的快速对接渠道。滨海新区积极搭建企业融资服务平台，连续举办了多次企业银行对接活动，推出天使贷、纳税贷、智权贷、知本通、节能融易贷、新三板快捷贷等数十款特色融资业务，搭建了科技企业与资本快速直接的对接渠道。再次，创新服务模式。为解决科技型中小企业融资难问题，滨海新区创办了科技金融超市，科技金融超市涵盖多种金融产品、数十家银行、担保公司、投资公司等。科技金融超市不仅为科技企业提供咨询、评估等服务，还为科技企业量身定制金融创新产品，如知识产权质押融资、税务贷、债转股以及项目担保贷款等融资方式。最后，探索科技金融创新产品。滨海新区积极探索科技金融品种创新，开发了知识产权质押融资、信用贷款、中小企业集合债券等创新性金融产品。同时，创造性地探索出担保换期权的融资模式，通过为企业提供信用担保换取企业一定数量的期权，分散了担保风险，实现了合作共赢。

3. 中介服务体系建设取得进展

首先，滨海新区征信系统逐步完善。滨海新区初步建成了包括中小企业政策环境扶持、融资平台对接、信用担保评级增信、金融资源支持、信用激励机制在内的中小企业信用体系建设框架。此外，天津港保税区中小企业信用体系试验区也在2013年启动建设。其次，中介服务力量逐渐壮大。目前，滨海新区拥有数十家金融服务机构，包括银行、保险公司、财务公司、保理公司、担保公司等，中介服务力量日益壮大。

（四）问题以及解决方法

滨海新区科技与金融结合工作虽然取得了一定成绩，但仍然有许多工作需要加强，具体体现在以下几个方面。

（1）企业选用金融工具能力较弱，科技金融知识有待普及。一是运用过金融工具的科技型中小企业比例较低，大多数企业不能准确地根据自身情况有针对性地使用科技金融产品。二是金融基础知识比较弱，主要表现为科技型企业对银行贷款流程不清楚，申请贷款材料不规范，科技型中小企业的高管的金融知识储备不足等。

（2）金融体系不健全，聚集资本能力较弱。滨海新区金融机构能级较低，主要以支行网点的形式出现，聚集资金能力较弱。现有的银行类、证券类、保险类金融机构绝大多数为基层分支，缺少法人单位，缺乏资金、信息和金融人才。同时自主经营能力较弱，难以满足科技型企业的融资需求。

（3）直接融资渠道对实体经济贡献甚微。滨海新区直接融资渠道主要体现在私募股权基金、滨海国际股权交易所和融资租赁三个方面，但目前滨海新区企业通过资本市场直接融资的比例较低。

（4）人才缺乏，金融机构产品创新能力有待提升。由于金融复合型人才的缺乏，导致金融机构产品原创型和再创型较少，创新技术含量偏低，同质化趋势明显。

滨海新区可采取多重政策来解决上述问题，具体政策如下：

（1）提高科技型企业用好金融工具的意识和水平。充分发挥政府主导和市场参与两方面的协同，加大科技金融培训力度，普及金融知识。

（2）推进科技投融资标准化建设。一是推进金融机构投资和服务标准化建设，金融机构要制定面向科技型中小企业融资的统一规范的办理流程；二是推进科技型企业融资标准化建设，科技型中小企业要依照金融服务机构融资要求，规范财务管理制度，加强自身信用体系建设；三是推进对接渠道的标准化建设，积极推进各类科技型企业与金融机构的平台对接模式和服务手段的标准化建设。

（3）推动科技金融专营机构的发展。针对滨海新区金融机构发展不足、能级低下的局面，要整合现有金融资源，提升自主经营权限，鼓励国有商业银行和股份制商业银行在新区成立二级分行和科技支行，并大力发展科技担保及再担保公司。

六 国内科技金融发展的经验与启示

通过前面的分析可以看到，不同示范区科技金融各有特色，但总体来看发展水平存在较大差异。其中，中关村和张江两大示范区在科技金融方面处于第一集团。中关村在我国科技金融领域发展最早，在很多领域产生了很多有益的发展经验，成为其他地区学习的表率。与中关村相比，张江示范区在发展理念上略有不足，但总体上看，张江示范区政策的可操作性较强。与中关村和张江相比，武汉东湖、深圳南山、天津滨海等示范区的发展相对较晚，在很多领域学习借鉴了中关村和张江的发展思路，在国内同属于发展的第二集团。但三大示范区在一些领域上又各有特色，例如武汉东湖的知识产权质押贷款和股权质押贷款模式、深圳南山的银政企合作贴息模式、天津滨海的信用共同体模式等，都是非常好的尝试，值得其他示范区学习。总体而言，第一集团的中关村、张江承担的任务是更深度的体制机制变革的任务，以及附着在此之上的赶超国际水准的科技金融体系建设。第二集团的武汉东湖、深圳南山、天津滨海，承担的任务首先是弥补与第一集团的差距，其次的任务是进行体制机制的变革。

总结国内科技金融相对发达、成熟的地区实践，可以得到如下启示：

一是政府在科技金融起步阶段的作用不可或缺。在我们前面分析的五大成熟示范区中，所有示范区科技金融的产生和发展政府留下的深深烙印，部分示范区的发展方向和模式都是按照政府规划好的路径。从财政资金直接注资、政府引导基金的设立、市场主体的培育，到融资体系的建立，乃至市场金融产品的类型，在这些科技金融发展的关键要素积累过程中，政府的作用都是非常显著的。

二是要努力构建一整套完整的科技金融服务体系。在一定的金融机制体制基础上，一个完整的科技金融服务体系应该包括以下部分：科技创新体系、信用建设体系、企业融资体系、中介服务体系、金融产品开发体系、政策支持体系。这六大部分缺一不可，共同构成一套完整的科技金融服务体系。

三是要把信用体系建设作为科技金融体系发展的重中之重。信用体系是联系六大组成部分的关键一环，是市场驱动因素发挥作用的主要载体。如果信用体系不健全，科技金融体系的建设将支离破碎，无法真正发挥效果。

四是要大力提高科技金融产品和服务的创新力度。针对科技型企业的特点，鼓励和支持商业银行创新金融产品和服务模式，设立专门机构和科技支行，针对科技型企业推出新的融资形式，如知识产权质押融资、贷款贴息等。同时，推动政府部门、各类投资基金、商业银行、担保公司、保险机构和科技型企业等多方共同参与金融产品和服务模式创新，集聚资源，在风险补偿、风险分担的体系下，加大对科技金融产品和服务的创新力度，从而增加科技型企业获得的资金供给。

五是要建立多层次的资本市场体系。建立多层次的资本市场体系有助于满足不同发展阶段企业的不同需求。此外，健全的多层次资本市场体系能够鼓励各类科技金融机构按照市场化原则进行风险收益匹配经营，发挥股权投资类企业的发现和培育功能，并通过股权投资带动信贷、保险、担保等机构进入科技企业融资领域，形成各类科技金融机构协同配合的局面。

六是要建立和完善融资支持体系。政府、商业银行和科技企业、中介组织等市场主体应共同努力，探索和建立以政策法律保障、信用担保扶持、信贷制度完善以及配套服务支撑等为主要内容的融资支持体系，切实帮助科技型中小企业解决融资难题。

七是政策的制定要出细则，要具备现实可操作性。在对五大示范区的分析中可以发现，一些示范区在一些关键问题上政策较为含糊，只提出发展方向却缺乏实施细则，这种政策的现实效果必然大打折扣。

八是利益共享、风险分摊是科技金融体系建立的重要原则。在科技金融体系的建立初期，市场化的合作模式确立之前，制定一个科学合理的合作模式对于科技金融的成败具有重要意义。其中，利益共享、风险分摊是非常重要的原则。一般而言，科技金融体系建设初期的风险较大而利益较小，合理的风险分摊能够最大限度地使各主体的损失控制在可承受范围内，利益共享则能够保障各主体合理分配相对较小的利润蛋糕，增强企业发展的可持续性。

九是市场化驱动将成为科技金融未来发展的主要方向。作为我国科技金融领域发展最成熟的地区，在现有的金融微观体制机制、政府主导发展模式这两大因素支撑下，中关村、张江两大示范区在市场主体、融资体系、信用环境等领域已经相对成熟，可供进一步发展的空间较为有限。未来发展的方向只能是突破现有的金融微观体制机制，逐渐变政府主导为市场驱动，努力构建市场因素驱动、各方利益协调发展的科技金融自我循环体系。

通过上述分析，结合潍坊市科技金融发展的实际，在学习借鉴以上五大示范区的发展经验基础上，潍坊市应以建立多层次科技金融体系为目标，充分发挥政府资金的引导作用，积极发展天使投资，设立创业投资引导基金和产业专项发展基金。根据企业不同成长阶段对投融资的不同需求，创新科技金融信贷以及保险产品模式，紧跟趋势开展互联网股权众筹试点工作。同时，开展科技企业信用评级试点工程，打造科技型企业信用体系，构建潍坊市特色科技金融体系。

第六章　绿色金融发展的经验与启示

第一节　绿色金融的概念及相关理论

一　绿色金融的概念

2000 年，《美国传统词典》第 4 版提出了环境金融的概念，将绿色金融定义为环境经济的一部分，研究如何使用多样化的金融工具来保护环境，保护生物多样性。而绿色金融目前也尚未有统一的定义，因此，不同的学者提出了有关绿色金融的不同的概念。刘青和刘传江（2009）指出所谓绿色金融，就是在做金融业务的同时，把保护环境纳入业务考核因素。在投融资行为中关注生态环境，使企业的污染尽可能下降，通过引导社会资源来实现可持续发展。其主要有两个特征：一是绿色性；二是绿色产业能推动新兴产业的发展。孙工声（2010）则认为，绿色金融是将经济活动中的资源损耗和环境影响纳入金融资源配置的决策过程。主要包括三个方面：一是对金融活动中的环境保护体现充分的重视。二是在金融活动中要充分考虑环境污染造成的成本费用，使利润最大化。三是建立有效的机制来引导金融活动，绿化金融活动。巴曙松、严敏和吴大义（2010）研究指出，绿色金融指的是金融体制改革从环境和金融的关系出发，注重环境污染的治理，加强技术创新带动产业发展，通过对资源的引导，促进经济与环境的协调发展。同时将资金调配的重心，有目的地投向绿色产业，将生态环境观念真正引入金融领域，通过提供有效的金融服务促进环保产业的发展。张红（2010）认为，绿色金融也被称为可持续性金融或环境融资，主要指从环保角度出发使金融业的理念发生转变、重新制定政策和业务流程，从而实现社会的可持续发展。[①]

本书中将绿色金融定义为：以改善生态环境、应对气候变化、节约自然资源、支持可持续发展为目的，通过银行贷款、债券发行、私募投资等金融工具引导社会资本流入节能环保、清洁能源、绿色建筑、绿色交通等绿色产业的一系列投融资活动。与传统金融不同，绿色金融把环境保护作为基本出发点，在投资决策中重视潜在的环境影响因素，充分衡量决策的环境风险和成本，通过合理优化资源配置以期实现经济效益的最大化和环境效益的最大化。

二　绿色金融的相关理论

（一）外部性理论和市场失灵

在有关绿色金融理论基础的研究和文献中，"外部性"是一个出现频率非常高的概念。外部性源于 Marshall 于 1890 发表的《经济学原理》中提出的"外部经济"，后经庇古（1920）在《福利经济学》一书中对外部性问题做了进一步分析，并对外部性做出了"正外部性"和"负外部性"的区分。外部性理论是指一个经济主体在其经济活动中对相关者的福利产生一种有利影响或不利影响，这种有利影响带来的收益或不利影响带来的成本，均不由生产者本人获得或承担，这种影响是一种经济力量对另一种经济力量"非市场性"的附带影响。从经济学角度看，环境作为一种公共物品，具有显著的外部性特征。乔海曙等（2011）认为，外部性理论为绿色金融提供了方法上的指导，外部性原理使环境成本内部化，可以解决传统经济增长模式带来的负外部性。马骏等（2015）、中国工商银行环境因素压力测试课题组（2016）在研究中分析到，环境问题通常是由负外部性导致，使资源得不到最优配置。一般均衡理论和福利经济学的分析表明，在完全竞争市场条件下社会运用既定的资源能够实现帕累托最优。但是由于完全竞争市场等一系列理想化的假设条件并不是现实经济运行的

---

① 屠行程：《绿色金融视角下的绿色信贷发展研究》，硕士学位论文，浙江工业大学，2014 年。

真实写照，完全竞争的条件受到破坏，麦均洪（2015）认为"看不见的手"无法完全有效运行，所以现实经济运行中的资源配置通常达不到帕累托最优，存在市场失灵。

（二）庇古税和科斯定理

庇古税和科斯定理是经济学对解决环境外部性、纠正市场失灵问题的两个主要研究思路。蓝虹（2004）根据庇古理论，税金以污染者支付为原则，由于环境污染问题涉及的受害人群较多，容易产生"搭便车"问题，政府介入可以消除受害方寻求补偿过程中的"搭便车"问题，政府代表受害方从污染方收取的最合理的补偿，就是庇古税。庇古税实际是在政府与污染受害方之间形成的一种"委托—代理"关系，受害方是委托人，政府是代理人，由于税收具有强制性，由政府代表受害方与污染方谈判向污染者征集补偿金，并以税金治理环境，补偿受害者所受到的损失还给受害者以清洁的环境。

（三）微观经济政策和帕累托改进

环境问题本质是发展问题，最终要依靠市场机制和经济规律来解决。乔海曙等（2011）和马骏（2015）认为，绿色金融政策具有一定的正外部性，由于历史上的政府干预扭曲了市场的作用，市场无法形成一个更有益于环境的资源配置机构与经济结构，因此导致了高污染的经济结构。麦均洪（2015）提出绿色金融正的外部性使绿色金融的供给过少，即绿色金融政策导致了一定程度的市场失灵，需要采取一定的微观经济政策来纠正这种市场失灵，从而实现帕累托的改进。

（四）环境库兹涅茨曲线

在北美自由贸易协定签订后，Grossman 和 Krueger（1991）利用简化型回归模型对人均收入与环境质量之间的关系进行了实证分析，首次提出在低收入水平下污染与人均 GDP 呈正相关，在高收入水平下污染与人均 GDP 呈负相关，Panayotou（1993）首次将这种环境质量与人均收入间的关系称为环境库兹涅茨曲线（EKC）。由历史发展过程可知，大多数国家为"先污染、后治理"的发展模式，经济增长和环境治理的尖锐矛盾长期存在。经济学界认为，市场机制所能够解决的问题是有限的，尤其是在涉及环境问题时会产生生产外部性以及全球或地区的公共产品问题。国外学者 Grossman 和 Krueger（1994）、Shafik（1994）、Xepapadeas 和 Amri（1995）、Selden 和 Song（1994）、Bergh 和 Opschoor（1998）利用不同国家之间的面板数据，环境质量由各种不同的污染物排放量衡量，利用面板模型估计并且验证了环境库兹涅茨曲线的存在性。辜胜阻（2016）对环境库兹涅茨曲线的研究发现，人均收入的增长最终将引致环境质量的改善，随着收入水平由低到高，污染水平与收入水平呈倒"U"形关系，即收入水平较低时，污染水平随收入的增长而上升；收入水平较高时，污染水平随收入的增长而递减。一些经济学家认为，我国当前以雾霾为代表的环境污染问题与经济发展阶段有关，但是"宿命论"不适合经济发展过程，坐等经济高度发展后再治理环境势必会产生更多的损失，因此必须把污染治理摆在更加重要的位置。每一个国家经济发展阶段不同，所处的环境不同，得到的环境库茨涅兹曲线也就不同，不能以国际标准去衡量任一个国家的环境状况。

目前，对于绿色金融的研究仍然处于初期阶段，需要进一步深入研究探讨。绿色金融是综合环境经济学、金融学、社会学、法学等众多学科的交叉科学，上述理论研究为今后绿色金融的发展提供了充分的理论基础并提出了相关理论指导。但就目前绿色金融发展水平来看，理论研究虽然已经相当丰富，实践研究却仍停留在较低水平，且相对于理论研究具有一定的滞后性。因此，今后绿色金融理论研究要与实践研究共同发展，做到基础理论有效指导实践。此外，鉴于绿色金融所涉及学科及研究领域之广，在进行相关理论和实践研究的同时，也要借鉴其他领域相关知识和研究成果来不断丰富完善绿色金融的内涵。[①]

---

① 姬喆：《绿色金融对区域经济生态化发展的影响及对策研究》，硕士学位论文，聊城大学，2017 年。

第二节　国外绿色金融的实践、经验及
发展动向

近年来，国际上兴起了"绿色金融"的概念，期望通过对金融体系的重塑来推动绿色和包容性经济的发展。就"绿色金融"的内涵而言，不仅指金融机构的投融资活动要"绿化"（即决策时要充分考虑环境因素，减少乃至停止对污染项目的支持，加大对治理环境项目的扶持），而且要构建绿色金融体系的整体框架，调整实际运营活动，并将社会风险、治理风险等也纳入到该体系中去。

一　国外发展绿色金融的实践

总体上看，在"绿化"金融系统方面的国际经验还只是零散的、非系统的。金融政策决策者、中央银行、金融监管者以及金融和资本市场标准制定者对于环境的担忧也只是近些年才有的现象。

尽管如此，国际上在绿色金融发展方面仍然取得了一些进展（见表6-1），例如，孟加拉国：央行把可持续发展看作其使命的整体部分，并通过目标再贷款额度和其他工具实现绿色目标；巴西：央行通过长期关于可持续发展的国家层面对话对银行业环境和社会风险提出新的要求；欧洲：传统的对可持续信息披露的关注正在转移到关于撬动长期资本进行可持续经济恢复的关键问题上；南非：取消种族隔离后的金融宪章表达了与可持续发展有着广泛联系的商业、政府和劳动者之间新的社会契约关系；美国：关于气候变化的长期经济风险的研究产生额外动力，要求资本市场把对可持续性因素的披露常规化。

二　国外绿色金融的发展经验

从各国现有绿色金融实践中得出的经验主要有以下几个方面。

第一，在存在投资者偏见或系统性风险时，需要宏观审慎监管的干预。特别是当投资偏见可能影响风险定价，进而影响市场效率和公平交易，或者存在与特定环境风险相关的系统性风险（如空气污染或碳市场的法规出台对银行资产负债表的影响）时，更是如此。

表 6 - 1　　　　　　　　　　各国发展绿色金融的主要做法

国家	主要政策
孟加拉国	◀鉴于价格和金融稳定、经济增长、贫困、不平等和环境可持续性相互间的动态关系，央行可以（尽管具有争议性）在现有的要求下对可持续性目标采取措施 ◀央行可以通过专项再融资这一潜在渠道使资金流向更加绿色和更具包容性的经济 ◀协调区别化的贷款上限和其他为了可持续性目标采取的规范措施 ◀央行在促进金融普惠方面扮演关键角色
巴西	◀需要针对金融机构环境和社会风险规范展开有关全球协调的讨论，特别是对巴塞尔银行协议 ◀对配置到绿色经济上的金融资源进行标准化并监控非常重要 ◀分担环境损害带来的金融责任有助于降低交易成本
欧洲	◀强化面向投资者的风险披露（欧盟层面和各成员国层面），特别是对上市公司制定了一系列环境相关的要求 ◀政策着眼于长期融资 ◀审慎和宏观审慎的环境相关风险正得到越来越多的关注，如英国央行引领的在保险业对气候审慎风险进行评估
南非	◀治理创新通过披露、原则、准则和其他治理要求实现，使金融市场在可持续性中得到更多关注 ◀每个国家都会有优先可持续发展的某些特定方面，例如，在南非就是增强黑人经济权能
美国	◀要求公司提供基于风险的面向投资者的报告，明确将环境问题纳入金融市场中 ◀发展绿色债务市场，在标准（如证书、保险和信贷评级方法）方面创新 ◀通过财政政策推动绿色金融发展，相关财政激励政策既有面向实体经济的，也有直接针对金融行业的

第二，应把可持续发展置于金融风险管理的核心。越来越多的国家正在把可持续性因素加入或考虑加入法规中。目前的重点在银行层

面，如孟加拉国和巴西。另一个新动向是建立一种特殊的评估机制，以使金融机构能够从环境和社会因素角度预测潜在的资产价值损害和波动。在欧洲国家，用"环境压力测试"来评估碳风险对长期资产持有者的影响的尝试已经开始（如英国）。

第三，绿色债券市场可以成为重要载体。由于绿色债券作为中长期金融产品更容易被机构投资者纳入投资组合，因此绿色债券已经成为绿色金融的重要载体。自 2007 年欧洲投资银行发行了第一只"绿色债券"以来，全球绿色债券市场以大于 50% 的复合年均增长率快速发展，2014 年绿色债券的余额已达到了 400 亿美元。为了进一步发展"绿色债券"市场，一些国家正在研究一些关键的政策问题，如保证市场统一的通用标准、鼓励增加资金流入的税收激励、实现机构配置的信用增级等。

第四，应使货币政策与绿色金融目标相协调。鉴于货币政策对经济和社会整体有广泛的影响，央行在绿色金融中的角色正在提上政策议程。央行在对已经到期的证券进行再投资时的选择，会为绿色金融带来巨大机遇。另外，未来的货币政策工具会对绿色金融产生重大影响。例如，印度储备银行规定了特定行业的最小贷款比重，孟加拉国央行对特定产品提出债务上限要求等都是央行使用的工具。

三　近年绿色金融的发展动向

首先，无论是在发达国家还是新兴国家，"绿色金融"的概念正在向更大范围扩散。关注绿色金融的，不乏孟加拉国、巴西、肯尼亚、乌干达、南非、印度等发展中国家，一些发达国家也开始关注绿色金融的问题。在国际层面，2014 年 1 月，联合国环境规划署建立了"设计可持续金融体系"项目工作组，以期探索如何促进金融体系与可持续发展更紧密结合的政策，乃至对金融体系进行系统性变革。2014 年 7 月，世界银行发布《环境和社会框架：为可持续发展确定标准》报告，试图搭建绿色金融发展的框架、要求、标准和流程。

其次，越来越多的国家开始将绿色金融纳入政策体系。随着绿色金融理念的推广，近年来不少国家开始采取行动推动绿色金融发展。例如，巴西中央银行于 2014 年 4 月出台了新的监管办法，要求商业银行必须制定环境管理和社会风险管理的战略行动和治理框架，并将其作为整体风险管理的核心要素加以实施；几乎在同时，欧盟要求加大上市公司披露实施环境和社会政策的情况；美国财政部有 80% 的对外援助项目有绿色要求；南非 2011 年出台的监管准则要求企业披露其财务与可持续性能力；2014 年 3 月，澳大利亚股票交易所发布了新的上市公司治理报告要求，要求上市公司披露是否面临着实质性的经济、环境和社会可持续风险暴露和如何管理这些风险。

最后，机构投资者成为发达国家推动绿色金融的重要力量。目前在发达国家，机构投资者（养老基金、保险公司等）通过股东投票权、将不符合可持续发展理念的公司排除在投资组合之外等手段，对被投资企业施加影响（所谓"积极股东主义"）。相应地，由于绿色债券作为中长期金融产品更容易被机构投资者纳入投资组合，绿色债券已经成为绿色金融的重要载体。

第三节　国外绿色金融的发展对我国的启示

通过对国外绿色金融实践和发展经验的梳理与总结，可以给我国带来以下几个方面的启示。

第一，应推广绿色金融理念，并将绿色金融纳入经济转型和生态文明战略。迫切需要将绿色金融理念纳入经济转型和建设生态文明工作，并为建设绿色金融体系组织专门研究。

第二，在金融改革和开放中发展绿色金融。一是建立"绿色"评估机制，把握中国绿色金融的发展现状和存在问题。二是加强绿色金融的制度建设。三是在金砖国家开发银行和亚洲基础设施投资银行运营机制设计中，明确绿色金融原则，并在这一原则指导下开展业务。

第三，积极参与相关国际合作项目，争取共识。在绿色金融领域中国起步较早且已得到国际认可，未来应以积极的态度参与可持续金融发展的相关国际合作项目，争取在未来国际绿色金融框架定义和设计过程中达成共识、统一标准、共同推进。

第四，充分发挥市场在绿色金融产业中的主导地位，拓宽绿色产业融资渠道，丰富绿色金融体系。这其中，制定适合中国国情的绿色信贷制度框架，是建立绿色金融体系的核心内容。

第五，完善绿色金融体系基础设施，包括绿色金融机构的建立、绿色金融产品和服务的创新、绿色金融基础设施的建设等，同时完善绿色金融体系的法制建设。

第六，发挥政府在绿色金融产业中的积极引导作用。政府在绿色金融产业的发展中具有不可替代的作用。政府应当在绿色产业发展的各个阶段进行引导扶持，从健全市场基础设施、加强政府部门之间协调、引导社会资本进入、帮助社会资本退出等方面入手，着力为绿色金融创造一个良好的发展环境。

第四节　我国绿色金融的发展现状及存在问题

一　我国绿色金融的发展现状

我国绿色金融起步较晚，前期发展迟缓。近年来，随着国家有关绿色金融政策制度的不断完善，我国绿色金融发展全面提速，市场机构建设步伐加快，金融产品种类日益丰富，发展成果初步显现。

（一）基于政府主导的绿色金融政策框架体系初步形成

从 1995 年中国人民银行发布《关于贯彻信贷政策和加强环境保护工作有关问题的通知》，到 2016 年中国人民银行等七部委联合发布《构建绿色金融体系的指导意见》。20 余年间，国家共出台财税、金融、价格、生态补偿等方面的环境经济政策多达 500 余项，政府运用经济杠杆推动环境保护的意识和力度不断增强。"一行三会"等金融监管部门也从政策上明确了金融绿色化的发展方向，并与国家有关部委、环保部门等联合搭建起发展绿色金融的政策框架体系，出台了一系列指导意见，为绿色金融的发展营造了良好的政策环境。

（二）绿色金融的市场参与主体和产品种类逐渐多元化

在国家相关政策指引和推动下，国内金融机构积极开展绿色金融业务。基于我国以银行业为主导的金融结构体系，商业银行在绿色金融领域的发展最为突飞猛进。以兴业银行为例，其作为我国第一家"赤道银行"，是国内最早开展绿色金融业务的金融机构之一。兴业银行成立了专门的环境金融部，把绿色金融作为该行的优势品牌和核心业务去经营打造和重点推进。截至 2016 年年底，兴业银行累计为近 1 万家企业客户提供绿色金融融资超过 1 万亿元，绿色融资余额超过 4900 亿元。除银行业金融机构外，证券公司、保险公司等非银行金融机构也积极涉足绿色金融业务，不断创新绿色金融产品和服务。随着绿色金融市场参与主体的不断扩大，绿色信贷、绿色债券、绿色保险、绿色基金、碳金融等绿色金融产品种类逐渐丰富，我国绿色金融的发展呈现出参与主体的多元化和业务产品的多样化。

（三）绿色信贷日益成熟，绿色债券发展迅猛，绿色保险等增长潜力巨大

绿色信贷在我国发展多年，政策指引和评价体系均已趋于成熟，我国也成为全球有正式绿色信贷统计的仅有的三个国家之一。截至 2016 年上半年，国内 21 家商业银行的绿色信贷余额达 7.26 万亿元，约占各项贷款的 9%，但同期绿色投资项目的不良贷款余额为 226.25 亿元，不良率仅为 0.41%，低于同期各项贷款不良率 1.35 个百分点。绿色信贷为我国绿色、循环、低碳经济的发展提供了强大的资金支持，是我国经济结构调整和产业结构转型升级的强力引擎和重要支撑。

绿色债券方面，从 2015 年年底，中国人民银行发布公告启动中国绿色债券市场，到 2016 年年初我国境内首批绿色债券成功发行，绿色债券市场短时间内在我国实现了从制度框架到产品发行的实质性突破。2016 年以来，我国绿色债券市场势如破竹、发展迅猛，发行债券项目涵盖节能、污染防治、清洁能源、清洁交通、资源节约与循环利用、生态环保和适应气候变化共计 6 大类 31 个小类，发行量呈现爆发式增长，约占全球总发行量的一半，也让我国跃升成为世界上最大的绿色债券市场。

绿色保险方面，我国的绿色保险通常指的是环境污染责任保险（以下简称环责险），是以企业造成的污染事故对第三者的损害依法应

承担的赔偿和治理责任为标的。我国早在 2007 年就曾推行环责险试点，但因缺乏法律层面支持，赔付率较低，企业投保积极性不高，发展较为缓慢。2013 年，环保部联合保监会开始选择部分省市进行强制性环责险试点，虽然投保量上升明显，但总的体量依旧太小。截至2016 年，我国环责险保费收入才勉强突破亿元关口，与当前国内超 3 万亿元的保费市场规模不相匹配，更与美国环责险动辄 40 亿美元的年保费收入相去甚远。

与此同时，绿色基金、绿色股票、碳金融等业务近年来迅速崛起，成为绿色金融领域的新生力量。但由于起步较晚、制度建设滞后、发展经验欠缺，我国新兴绿色金融业务市场发育尚不成熟。以碳金融为例，我国作为全球最大的碳排放资源国，供应全球市场大约1/3 的碳减排量。尽管随着全球碳交易市场的兴起，我国碳金融业务也随之展开，并且已经推出了碳基金、碳债券、碳配额抵押贷款、碳配额回购融资等业务，但业务水平和创新程度明显不够，跟日趋成熟的国际碳金融市场差距较大，未来具有广阔的发展潜力和上升空间。

二 我国绿色金融的存在问题

近年来，我国绿色金融的发展虽有了长足进步，发展的框架体系基本建立，市场参与主体逐渐扩大，产品和服务创新不断深化。但就整体而言，我国绿色金融仍处于发展的初级阶段，存在政府引导机制不健全、市场运作体系不成熟、社会参与程度普遍不高等一系列问题。

（一）政府引导方面

1. 法律政策体系不完善，约束激励机制不健全

目前，我国绿色金融领域尚未真正建立国家层面的法律法规体系，已经出台的文件大多停留在部门规章层面，且因立法层次偏低缺乏约束力和执行力，唯一入法的环责险也仅是鼓励性劝诱而非强制性规定，这无疑加大了金融机构开展绿色金融业务的法律风险。同时，由于缺乏有针对性、可操作性的标准和规范，导致市场主体责任指向不明，各监管机构权责不清，政策执行力度、问题追责力度以及市场监管效果都大打折扣。另外，由于政府的财税政策跟进不及时、落实

不到位，对开展绿色金融业务的企业和金融机构难以形成有效的激励机制，导致其开展绿色金融业务的积极性不高，绿色金融市场的活力难以有效激发。

2. 信用体系建设滞后，信息沟通机制不畅

我国信用体系建设相对滞后，目前征信系统中涉及的企业环保信息太少，导致金融机构难以通过现行征信系统充分获取企业环保信息，大大影响了绿色信贷政策的实施。另外，绿色金融涉及的行政部门较多，既包括产业管理部门，又包括环境保护部门、金融监管部门等，各部门之间尚未建立起有效的跨部门协调和信息共享机制，导致信息披露不及时、不完整，公布的金融数据和环保数据缺乏权威性、统一性，这在很大程度上又制约了绿色金融业务的开展。

3. 利益各方博弈失衡，内生增长动力不足

我国绿色金融近年来的发展并非源自地方政府的协同配合和市场主体的主动行为，而是主要依赖于中央政府的行政力量强行推动。加之部分参与主体只热衷追求眼前的短期利益，缺乏对绿色发展理念的长远认识，使绿色金融发展过程中各利益方博弈激烈。一方面是中央政府和地方政府间的利益博弈。一些地方政府急于发展当地经济，"唯 GDP 论"思想根深蒂固，致使其在大力宣传绿色发展理念和积极推动绿色产业发展的同时，为追求当地经济发展速度，仍然默许一些税收和就业贡献大的污染企业对环境破坏的行为。长此以往，政府虽在绿色发展实践中取得一定成绩，但对既有污染企业疏于管理又使绿色发展效果大打折扣。另一方面是政府和市场的利益博弈。基于绿色产业普遍存在前期投入大、投资周期长、风险高、收益不确定的缺陷，加之金融资本与生俱来的逐利和风险厌恶本性，因此，绿色产业即便由政府部门依靠行政力量强力推进，也不如利润高、回报快的"两资一高"企业对金融机构更具吸引力。这也造成了金融机构开发绿色金融产品和开展绿色金融业务的内生增长动力不足。

（二）市场运作方面

1. 金融机构"绿化率"偏低，中介服务体系发展滞后

基于绿色金融业务投资大、周期长、风险高的缺陷和预期收益的

不确定性，金融机构发展绿色金融业务明显动力不足。国际金融市场上，赤道原则作为一套旨在判断、评估和管理项目中环境与社会风险的风险管理工具，被誉为"可持续金融领域的黄金标准"，自推出以来被众多国际知名银行所采纳，目前全球共有84家采纳该标准的赤道银行，而我国大陆只有兴业银行唯一一家，这与我国世界第二的经济体量不相匹配，也从客观上反映了我国金融机构的绿化程度不高。另外，由于绿色产业属于高度依赖资金和技术的资本技术密集型产业，这就要求为其提供服务的绿色金融机构不仅要有过硬的绿色金融业务能力，也需要具备较高的技术识别和风险评估能力，同时还需要第三方认证机构、信用评级机构、资产评估机构、环境风险评估机构等专业性中介服务机构的协同和配合。然而，目前我国的绿色中介服务体系尚未真正建立，现有的中介机构难以满足日益增长的绿色金融业务需求。

2. 绿色金融产品创新不足，市场暗藏"洗绿风险"

现阶段，我国绿色金融主要以绿色信贷、绿色债券两种融资方式为主，其他产品创新不足、发展相对滞后。以绿色保险为例，由于险种单一、覆盖面窄，加之经营主体专业性不强，使产品吸引力不够，市场推广受阻。其他诸如绿色基金、绿色股票、碳金融等虽有较快发展，但目前就其体量规模和创新能力来看，与国外发达国家相比差距较大。另外，由于信息不对称和缺乏有效的绿色金融识别机制，绿色金融市场上改头换面、非法套利的伪绿色金融屡见不鲜。伪绿色金融的存在不但增加了投资者对绿色资产的"搜索成本"，也导致绿色金融市场陷入"绿色信用危机"，面临"洗绿风险"，甚至产生劣币驱逐良币的效应。

（三）社会参与方面

1. 绿色发展观念淡薄，绿色消费行为欠缺

在我国，政府在传播绿色发展理念、推动绿色金融发展过程中，过多地强调金融经营活动的绿色化，忽视了对实体企业和普通民众的绿色教育和绿色引导。这也直接导致了企业经营活动中绿色发展理念的缺失，使绿色发展理念难以成为企业的核心价值观，难以成为引导

企业绿色生产、绿色经营的准则。另外，由于全社会绿色理念宣传普及程度不够，现阶段，我国公民的环保意识尚且淡薄，全社会绿色消费行为习惯的养成更无从谈起，这也使我国试图通过绿色消费倒逼企业和金融业绿色转型的构想短期内难以实现。

2. 绿色金融人才匮乏，智力支撑体系亟待构建

发展绿色金融是一项复杂的系统工程，既需要政府引导，又需要市场运作，同时还需要全社会的积极参与和配合。而要实现全要素的有效整合和系统工程的正常运转，需要一大批具备绿色金融专业知识的高素质复合型人才输送智慧。然而，我国绿色金融起步较晚，前期发展力度较弱，没有提前启动绿色金融专业人才培养工程，这使在当前绿色金融发展突然提速的背景下，我国绿色金融专业人才缺乏、智力支撑不够的问题充分暴露。加之人才培养工程实施、智力支撑体系构建并非一朝一夕、一蹴而就之事，绿色金融人才匮乏的局面短期内难有大的改观，这在一定程度上也制约了我国绿色金融的发展。

第五节 推动潍坊绿色金融发展的意义和必要性

一 发展绿色金融的重大意义

（一）发展绿色金融是全球共识和大势所趋

自工业革命以来，全球经济高速增长的同时，资源消耗、环境污染和生态恶化等问题日益严峻，人类的生存环境面临着极大的威胁和挑战。为应对这一问题，1987年，世界环境与发展委员会提出了可持续发展的概念，倡导在经济发展的同时注重生态环境的保护，这一理念已成为世界各国的共识。在可持续发展理念影响下，《联合国气候变化框架公约》《京都议定书》等一系列关于绿色环保、可持续发展的国际性文件陆续出台，全球绿色发展的实践不断深化。绿色经济是绿色发展的基础，绿色金融是绿色经济的核心。绿色金融具有引导市

场资源配置的强大功能，是推动绿色经济发展的"源头活水"和动力所在。绿色金融代表了未来金融发展的新趋势和新方向，是金融领域的一场创新和变革，在环境问题全球化的今天，发展绿色金融是全球共识和大势所趋。

（二）发展绿色金融符合国家战略

党的十八大提出，大力推进生态文明建设，把生态文明建设融入经济、政治、文化、社会全过程，努力建设美丽中国，着力促进绿色发展、循环发展、低碳发展。绿色发展离不开绿色金融的支持和驱动。近年来，国家关于绿色金融的一系列政策文件的出台将发展绿色金融提升到国家发展战略的新高度。2015 年 9 月，中共中央、国务院发布《生态文明体制改革总体方案》，首次明确了建立中国绿色金融体系的顶层设计。2015 年 11 月，中共中央《关于制定国民经济和社会发展第十三个五年规划的建议》提出了"创新、协调、绿色、开放、共享"五大发展理念，建议"发展绿色金融，设立绿色发展基金"。2016 年 3 月，全国人大通过的《"十三五"规划纲要》明确提出要"建立绿色金融体系，发展绿色信贷、绿色债券，设立绿色发展基金"，构建绿色金融体系已经上升为我国的国家战略。2016 年 8 月，人民银行等七部委联合出台了《关于构建绿色金融体系的指导意见》，进一步提出了支持和鼓励绿色金融发展的系列措施，构建多层面的绿色金融体系成为各方共识。2016 年 9 月，G20 杭州峰会上，在中国等国家的提议和积极倡导下，绿色金融被首次纳入 G20 峰会议题并被写入 G20 公报中，为全球范围内传播绿色金融理念、推动绿色金融实践起到了积极的促进作用。2017 年 10 月，习近平总书记在党的十九大报告中指出：要加快生态文明体制改革，建设美丽中国，其中特别强调要推进绿色发展，发展绿色金融。在中国特色的社会主义新时代，绿色发展和绿色金融已经融入我们党和国家的执政理念中，党和国家的绿色发展观已经走向成熟。

（三）发展绿色金融是促进绿色增长和加快绿色治理的重要利器

绿色发展需要绿色增长和绿色治理并驾齐驱、双轮驱动，其中绿色增长是对经济增量形成的绿色要求，绿色治理是对经济存量绿色优化的必要选择。绿色发展过程中，无论是绿色增长，还是绿色治理都离不开绿色金融的支持和驱动。现阶段，要实现我国经济绿色化转型需要大量资金支持，据多项研究测算，我国"十三五"期间的绿色产业投资需求需要 2 万亿元以上，但政府财政出资只能满足 10%—15% 的需求，其余大量的绿色投资只能依赖社会资本。因此，在抑制对污染性行业投资，吸引撬动更多社会资金配置到绿色产业方面，绿色金融的职责和使命重大。绿色金融作为绿色经济的催化剂，是支撑绿色经济发展的核心力量，其发展的深度和广度攸关绿色增长。尤其在当前经济新常态时期，需要强化绿色金融的资源配置功能，不断提高绿色金融服务绿色经济的效率，推动经济的绿色化转型，最终实现经济的绿色增长。

不仅绿色增长，绿色治理同样离不开绿色金融的支持和推动。相关研究表明，我国的环境污染很大程度上与高污染的产业结构、能源结构和交通结构有关。产业结构方面，我国工业总产值约占 GDP 比重的 40%，而其中重工业占 GDP 比重则高达 30%，在全球主要经济体国家中占比最高，而重工业单位产出导致的空气污染是服务业的 9 倍。能源结构方面，我国常规煤炭占总能源消耗的比重为 67%，清洁能源仅为 13%，与发达国家相比，清洁能源占比很低，而同等条件下，常规煤炭造成的空气污染相当于清洁能源的 10 倍以上。交通结构方面，国内城市居民的出行方式选择上，公路出行占比高达 93%，地铁出行仅为 7%，与发达国家地铁出行 70% 的占比相去甚远，而给定同样的运输量，私家车出行所导致的空气污染约为地铁的 10 倍以上。据有关部门测算，近年来，环境污染折算成本约占 GDP 比重的 3%，照此蔓延趋势，到 2020 年我国因环境污染导致的损失可能上升至 GDP 的 13%。面对如此严峻复杂的环境形势，仅靠末端绿色治理措施远远不够，需要通过财税、金融等政策工具改变资源配置的激励机制，让包括产业结构、能源结构、交通结构等在内的经济结构变得更加清洁和绿色。在众多资源配置中，金融资源配置的激励作用尤为重要，只要实现了金融资源由污染性行业向绿色产业的转移，其他生产要素资源的配置将随之优化。

（四）发展绿色金融是推动供给侧改革的中坚力量

我国经济发展既存在周期性、总量性问题，又有结构性问题，但归根结底结构性问题最为突出。在当前供需结构矛盾中，矛盾也主要集中在供给侧。因此，供给侧改革的主攻方向是扩大有效供给，同时减少无效供给，增强供给侧对需求侧的适应性和灵活性，以提高全要素的生产率。从目标角度分析，绿色金融和供给侧改革实质相通。绿色金融是以环境保护、可持续发展为出发点，强调引导资金流向资源节约和环境友好型产业，推动经济结构调整和发展方式转变，促进传统产业绿色化转型升级，加速市场对重污染落后产能的淘汰。同时，绿色金融通过加强对节能环保、清洁能源、低碳经济等绿色产业优化资源配置，提高了金融市场中要素和产品的供给质量和供给效率，使绿色产业成为新的经济增长点，缓解了当前我国不断加大的经济下行压力，有力地推动了我国的供给侧改革。

（五）发展绿色金融是加快新旧动能转换的重要抓手

当前，我国正处于经济"新常态"由"新"向"常"的转变过程中，经济运行表现出如下特征：增长速度由高速向中高速转换是经济新常态的基本规律，经济结构由失衡向优化再平衡转换是经济新常态的基本特征，经济增长动力由要素和投资驱动向创新驱动转换是经济新常态的基本内涵。从产业结构看，我国虽然在2013年实现了三次产业结构从"二三一"向"三二一"的历史性转变，并且第三产业占比呈逐年增加之势，但多年来传统产业占工业比重、重工业占传统产业比重仍然居高不下，经济发展多年来积累的结构性问题错综复杂、根深蒂固。在此特殊背景下，2017年以来，国家启动了新旧动能转换工程，力求在转方式调结构、加快新旧动能转换、促进经济转型升级提质增效上有所突破。在新旧动能转换工程实施中，绿色金融可以通过积极发挥资金杠杆和资源配置作用，去除过剩产能，淘汰落后产能，并通过有效绿色投资，引导错配资源重置，以此来加快绿色产业等新兴产业的发展，帮助传统产业绿色改造升级，促进经济的良性循环和可持续发展。

二　推动潍坊绿色金融发展的必要性

近年来绿色金融迅猛发展，在过去短短的两三年中，绿色金融已经从一个"金融产品"的概念上升到了我国的国家战略，也正在成为全球共识。2016 年，中央深化改革领导小组批准了《关于构建绿色金融体系的指导意见》，之后我国绿色金融市场有了较大发展。绿色债券市场从 2016 年刚刚起步，当年发行规模就达 2000 多亿元，中国一跃成为全球最大的绿债市场；各省市地已经建立了 20 多个地方性的绿色产业基金；包括绿色 ABS、绿色 PPP、碳金融、绿色保险等在内的各类绿色金融产品快速涌现；中国在绿色评级、绿色认证、绿色指数、环境压力测试等绿色金融分析工具的开发方面在国际上也处于领先地位。

国际上，2016 年，绿色金融在中国的倡议和推动下也首次写入了 G20 杭州峰会公报，得到了许多国家和国际金融机构的积极响应。最近，欧盟成立了"可持续金融高级别专家组"，为欧盟可持续融资综合性战略提供政策建议；沙特宣布将在 2023 年前向可再生能源领域投资 300 亿—500 亿美元；OECD 成立了"绿色金融与投资中心"，旨在为全球经济向绿色、低碳和气候韧性转型提供政策支持；印度证监会出台了国内市场发行绿色债券的指引；新加坡金管局（MAS）出台了激励机制，为发行绿色债券的第三方评估提供资金支持，鼓励发行绿色债券。

这些绿色金融领域的快速进展十分令人鼓舞。但是，冷静地看，我们发现，国内今年以来绿色金融的主要发展来自中央决策和部委推动，绿色金融业务主要集中在大中型金融机构，绿色金融产品和能力建设发展较快的地区主要在北京、上海等主要城市。许多其他地区，尤其是中西部地区，对绿色金融的理念认识、产品开发能力和人才基础还相当薄弱，但环境污染却相当严重，或面临着重蹈"先污染后治理"覆辙的潜在风险。相关机构调研发现，一些地方性金融机构只听说过绿色信贷，但还没有真正开展绿色信贷的统计和建立规范的执行流程，还没有接触过绿色债券、绿色基金、绿色保险、碳金融等金融工具，还没有开始考虑如何利用有限的财政和政策资源来调动更多的社会资本投入到绿色产业，也没有评估项目环境成本与效益的方法和工具。

绿色金融的发展在起步阶段必须要首先依靠能力较强的大型金融机构和大城市来起示范作用，但发展到一定阶段，就必须要积极推广到更多的地区，积极动员地方性的金融机构来参与。只有这样，绿色金融才能覆盖全国经济，才能支持大量的中小企业的绿色化的进程。2017 年 6 月 14 日，国务院批准了五省区建立绿色金融改革创新试验区的方案，从发展绿色金融事业部、扩大绿色信贷和绿色债券发行、发展绿色基金、加快发展绿色保险、建立环境权益市场、建立绿色信用体系、强化政策支持等多个方面进行了部署。这是我国全面推动绿色金融落地的一项重要举措，在调动全国地方政府和地方金融机构开展绿色金融的积极性、强化相关能力建设等方面将有十分重要的意义，有助于创造一些可复制、可推广的经验。

党的十八大把生态文明建设纳入中国特色社会主义事业"五位一体"总布局，并摆在了突出位置，开启了生态文明新时代。党的十八届三中全会提出，必须牢固树立并切实贯彻创新、协调、绿色、开放、共享的发展理念。党的十九大报告提出，加快生态文明体制改革，建设美丽中国，并从推进绿色发展、着力解决突出环境问题、加大生态系统保护力度、改革生态环境监管体制等方面作出了一系列顶层设计。潍坊是一个经济大市、产业大市，也是一个资源能源消耗大市。经济发展与资源能源环境制约的矛盾日益突出，传统发展理念、发展模式不可持续的问题日益凸显。过去的这几年，潍坊坚持绿色发展理念，打响了"三八六"环保行动攻坚战，生态文明水平明显提高，为转型升级、科学发展、建设美丽潍坊筑牢了坚实的生态基础。站在新起点，坚持绿色发展、进一步提升潍坊生态文明水平，是高质量建成全面小康社会、建设富裕文明充满活力现代化强市的必然要求，也是实现产业强市、文化名市、活力城市、品质城市"四个城市"建设目标的必然选择。在此过程中，我们要把发展绿色金融作为金融改革和现代金融体系建设的一项重要任务狠抓落实，让绿色金融成为城市绿色发展的重要利器，让绿色金融的活水浇灌潍坊市绿色建设的方方面面。

第七章　潍坊市产融结合发展战略

第一节　潍坊市现况和产融结合的内在需求

一　潍坊市现况概述

潍坊是山东重要的区域性中心城市、环渤海重要的海滨城市，陆地面积 1.61 万平方公里，海岸线长 150 公里、海域面积 1421 平方公里，常住人口 935.7 万人，是知名的世界风筝都、中国画都、中国菜都，是全国文明城市、国家环保模范城市、国家森林城市、国家卫生城市、国家食品安全示范城市、中国优秀旅游城市，综合实力列全国地级以上城市第 32 位。潍坊历史悠久、人文荟萃。据考证，在我国历史上有重要影响的潍坊人就有 150 多位，"三皇五帝"中的舜帝、经学大师郑玄、农圣贾思勰、诺贝尔文学奖获得者莫言等都是潍坊人，孔融、范仲淹、欧阳修、苏东坡、郑板桥等曾在潍坊执政理事。潍坊区位独特、交通便利。是全国性综合交通枢纽、全国 100 个区域性高铁枢纽城市和 36 个高铁物流枢纽城市之一，5 条高速公路穿境而过，潍坊港是国家一类开放口岸，潍坊机场已开通 14 条国内外航线，国家铁路网中长期规划中有 5 条高铁在潍坊交汇，目前正积极推动京沪高铁二通道建设，建成后潍坊到北京、上海将分别缩短到 1.5 小时、2.5 小时左右。潍坊开放包容、充满活力。潍坊是山东最早开放的三个商埠之一，拥有国家级高新技术产业开发区、国家级滨海经济技术开发区、国家级综合保税区 3 个国家级经济园区，已与 209 个国家、地区建立经贸关系，现有市场主体 77.8 万户、总量居山东省第

2 位。

党的十九大明确提出了习近平新时代中国特色社会主义思想,对建设社会主义现代化强国做出了战略安排,为潍坊发展指明了前进方向。2017 年年初,潍坊市第十二次党代会,确立了建设富裕文明充满活力的现代化强市"一个总目标",在全面建成小康社会进程中走在全省全国前列、在贯彻新发展理念推动转型发展进程中走在全省全国前列、在深化重要领域和关键环节改革进程中走在全省全国前列"三个走在前列",着力打造产业强市、文化名市、活力城市、品质城市"四个城市",努力在构筑现代产业体系、区域城乡协调发展、发展动能接续转换等七个方面实现新突破的"一三四七"目标任务、战略重点和全面从严治党新要求。目前,潍坊上下正深入学习贯彻党的十九大精神,加速打造产业强市、文化名市、活力城市、品质城市,2017年潍坊市已签约投资过亿元项目 310 个、总数居山东省前列,外商投资项目同比增长 51.7%,潍坊已成为最具投资潜力和发展活力的城市之一。综合来讲,未来潍坊在以下 10 个方面具备良好的发展潜力。

1. 新旧动能转换方面

潍坊现已谋划了总投资 1.6 万亿元的新旧动能转换项目库,"四区四基地一通道"等一批重大项目列入国家、省规划。将来在发展新技术、新产业、新业态、新模式,推进产业智慧化、智慧产业化、跨界融合化、品牌高端化等方面,尤其是在大数据、云计算、人工智能、智慧城市建设等领域有着较大潜力和发展空间。

2. 产业转移方面

潍坊产业基础良好,机械装备、电子信息、现代农业、石化盐化、纺织服装、造纸包装、食品加工等一批支柱产业和潍柴、晨鸣、福田、歌尔等一批千亿级企业、隐形冠军企业在国内外具有较强竞争力,2016 年规模以上工业主营业务收入 1.34 万亿元、位居全国地级城市第 8 位,尤其是北部沿海有 3500 平方公里工矿用地,潍坊正在积极创建国家级北部沿海"飞地经济"示范区,承接产业转移空间广阔、优势突出。潍坊已洽谈对接项目 370 个,承接了铝型材、汽车等一批产业,将来会与更多企业、园区和部门深度对接,积极承接北京非首都核心功能转移，实现优势互补、互利共赢。

3. 军民融合发展方面

军民融合发展是党的十九大提出的七大战略之一，前景广阔、潜力巨大。潍坊军民融合发展基础好，已有军民融合企业 41 家、产业园区 5 家。下一步，潍坊将重点在装备制造、航空航天、纺织服装、电子信息、新材料等领域推进军民深度融合发展，将与军工企业、科研院所、后勤保障部门在协同创新、园区共建、产业共育等方面加强合作，合力推动军民融合深度发展。

4. 科技创新方面

潍坊正在创建国家创新型城市，建设山东半岛国家自主创新示范区，这方面潍坊有优越的政策优势、有良好的基础、有优良的产业承载力，北大现代农业研究院、北航歌尔机器人与智能制造研究院、中科院激光雷达研究院、航天威能等一批高端创新平台、创新成果已落户潍坊。未来，潍坊将与更多高校、院所、企业在创新成果转移转化、创新平台建设、产学研结合等方面扩大合作，特别是在虚拟现实、新能源动力等领域携手攻关，共同推进创新发展。

5. 大片区开发方面

2016 年以来，潍坊抢抓国家棚户区改造重大机遇，完成棚改 14 万户、腾出土地 15.8 万亩，其中一次性拆出千亩以上片区 46 个，腾出了宝贵的发展空间。目前，潍坊正按照产城融合、综合开发的理念，高标准规划打造高铁新片区、火车站南广场、坊茨小镇、齐鲁台湾城等一大批重点片区和特色小镇。

6. 园区建设运营方面

潍坊现有省级以上开发区 16 家，有智能装备、节能环保等各类产业园区 25 个，目前正在按照"政府主导、企业主体、市场运作"的思路，探索园区开发建设的新模式。未来将吸引更多企业通过代管、参股、自建等各种方式，参与潍坊产业园区的开发、管理、运营，推动园区转型升级。

7. 基础设施建设方面

目前，潍坊基础设施建设全面开花，港口建设、机场迁建、高速公路、高铁、轨道交通、城市快速路等数十项重点交通工程全面铺开，目前正在组织开展交通基础设施建设会战，抽水蓄能电站、胶东调蓄水源等一大批国家级重点能源、水利工程加快推进，综合管廊、海绵城市建设等全面推进。

8. 社会事业发展方面

潍坊是人口大市，人口居全国大中城市第 16 位，基础教育、职业教育、公立医院改革等走在全省全国前列，是省部共建的国家职业教育创新发展试验区，同时也是全国首批公立医院改革国家联系试点城市、全国养老服务业综合改革试点市和社会办医国家联系点。高端教育、医疗、养老养生等领域的发展潜力巨大，未来将加快建设高校院所，发展高端专科和综合医院、医养结合综合体等，对落户的重点高校院所、高端医疗健康机构，将"一事一议"大力支持。

9. 乡村振兴方面

潍坊是农业大市，农业农村工作走在全国前列，禽肉、蔬菜出口分别占全国的 1/8 和 1/18，是国家现代农业示范市、全国农商互联标准化试点城市，习近平总书记先后 5 次作出批示指示给予肯定。目前，潍坊正在创建国家农业开放发展综合试验区，加速打造中国食品谷，加快发展"新六产"，实施乡村振兴战略优势得天独厚。将来，潍坊将大力加速农业开放发展，发展高端农业，建设美丽乡村。

10. 金融发展合作方面

潍坊是国家产融合作试点城市，金融业发展基础好、需求旺、前景广，2087 家规模以上企业完成公司制改制，占规模企业总数的 78.9%、居山东省第 1 位，上市企业 39 家、挂牌 597 家，前三季度社会融资规模增长 110%，区域金融生态环境稳定良好。目前，潍坊正实施资本市场千亿融资计划，2018 年将举办资本对接大会，与企业家、金融机构及人才在潍坊合作发展融资租赁、资产管理、信托等金融业务，合作设立 PE、VC、天使投资等基金，参与上市公司运营、重组、提升，建设金融综合平台，共同打造区域性金融创新发展高地。

二　潍坊市发展产融结合的内在需求

近年来，潍坊市设立了政府引导基金、政策性担保、农村产权交易中心等产业发展平台，支持经济转型发展。但从供需两端分析，受市场效率、信息不对称等因素制约，相关市场资源还不能很好地对接产业发展需求。以金融资本为例，至2016年年底，潍坊市金融机构存贷款余额分别为7094亿元、4906亿元，扣除政策性准备金外，可动用流动性敞口较大；资本市场方面，主板上市企业20家，"新三板"挂牌41家，齐鲁股权交易中心挂牌306家，合计占存量企业总数的10%左右，还有不少优质企业缺乏稳定可靠的融资渠道；保险市场方面，与产业发展关联度较高的财产险保费收入58亿多元，增长潜力可观。产业方面，近几年企业收入增幅均低于当年GDP增幅，仅靠成本控制的向内挖潜空间有限，产业实体存量资源的扩大再生产能力也有所减弱，难以保障企业的持续经营能力和竞争力。因此，产业资本和金融资本都有需求和空间来促进下好"产融结合"这盘棋。

按照山东半岛蓝色经济区、黄河三角洲高效生态经济区、胶东半岛高端产业聚集区对潍坊市产业发展的定位以及潍坊市委市政府提升市区"13364"工程对中心城市的功能定位，潍坊要结合中心城市自身资源禀赋、产业基础和区位优势，全面提升中心城市产业发展实力，加大创业创新力度，加快智慧城市建设，促进信息消费，从根本上改变县强区弱的格局，大力提升城区产业发展首位度，增强辐射带动能力，突破滨海、突破潍坊、突破山东，全力打造"一高一洼、两区、三都、四城、三中心"，加大创新创业，塑造产城融合、产融结合、高端高效、活力创智的城市产业发展典范。

同时，潍坊市在"十三五"期间，要积极利用新技术、新业态和新服务，改造和提升传统服务业，大力发展现代服务业，全力打造以总部经济、金融经济、物流经济、电子商务、休闲旅游、市民教育、文化创意、信息网络为标志的现代服务业高地。

未来，潍坊将大力推进世界动力机械之都、中国电子信息之都、中国智能工程装备之都的"三都建设"。大力发展以潍柴、盛瑞传动、福田汽车为代表的"动力之都"龙头企业，以歌尔声学、共达电声为

"声电之城"的领军企业，创新研发平台，打造行业顶尖研发队伍，进一步强化对外延伸合作，确保产品技术与世界先进技术对接，牢牢掌握领先优势，打造具有世界级核心竞争力的动力机械、装备制造及声光电产业区，探索从"潍坊制造"到"潍坊创造"的中心城市产业发展新模式。

要实现上述目标，产融结合势在必行。目前，潍坊市应以产业要素集聚、融合、升级为基础，以产业发展和金融创新为"双轮"驱动，优化发展布局，建立以产为主、以融助产、以产促融的发展模式。产业方面，要深耕装备、汽车、声光、信息等优势产业，建设各具特色的科技创新聚集区，夯实产业基础；金融方面，要建立健全金融支持链，形成对产业和企业生命周期全覆盖的金融支持体系，实现对产业转型和科技创新的金融催化。

第二节　潍坊市产融结合的发展战略

一　指导思想

以党的十八届三中、四中、五中全会和党的十九大报告精神为指导，以国家"十三五"规划纲要为战略指南，深刻把握"四个全面"的战略布局，在山东省委和省政府总体部署下，在潍坊市委和市政府直接领导下，紧紧抓住全面深化经济体制改革、"一带一路"倡议等战略机遇，建立健全创新性、多样化、综合化和专业性的产业金融、科技金融和绿色金融的创新发展体系。

二　总体目标

解放思想、先试先行、主动变革、大胆创新，秉承创新为先、产业为本、金融为用的融合思维，立足山东半岛蓝色经济区、黄河三角洲高效生态经济区、胶东半岛高端产业聚集区对潍坊市产业的发展定位，积极响应潍坊市第十二次党代会提出的"四个城市"的建设目标，以提高企业自主创新能力、培育发展新兴战略性产业、促进经济发展方式转变为目标，以科技产业与金融资本融合为途径，不断加快科技金融、产业金融和绿色金融的市场体系、产品体系和服务体系建设，构建潍坊市产融结合的新模式，把产业金融、科技金融、绿色金融打造成潍坊金融业的三张名片，并力争把潍坊市打造成山东半岛科技金融创新区、产业金融创新城市和山东半岛国家自主创新示范区的战略支点。

三 发展战略

新常态背景下，潍坊市应该主动适应科技创新现代化、金融服务综合化、产融结合深度化的发展趋势，将科技金融、产业金融和绿色金融体系建设作为潍坊市主导发展方向，产业与金融结合、科技与金融结合、绿色发展与金融结合，实现金融支持、科技创新、绿色产业协同，并和政府服务深度融合、相互促进和共同发展。要以产业金融、科技金融和绿色金融为支柱，以融才、融资、融智"三融"为抓手，以装备汽车产业、声光电子产业、软件信息产业、生物医药产业四大特色优势产业科技创新为突破口，以产业发展、金融创新和产融结合为驱动，积极探索政府引导、产业支持、科技创新、绿色可持续发展的产融结合新体系。

新常态背景下，构建潍坊市产融结合新体系的具体战略如下：

（一）大力发展产业金融

1. 产业发展是基础

强化产业和金融结合的发展布局，建立以产为主、以融助产的产融结合模式。深耕优势产业，建设各具特色的科技创新集聚区，夯实产融结合的产业基础。重点布局装备汽车、声光电子、软件信息、生物医药四大优势产业，率先开展体制机制改革试验，推动潍坊发展管理模式转型，深化功能布局、产业布局、空间布局融合，充分发挥科技创新和科技成果产业化的示范带动作用。突出各自特色，发挥比较优势，结合城市更新，打造创新要素集聚、综合服务功能强、适宜创新创业的科技创新中心重要承载区，建设以装备汽车、声光电子、软件信息、生物医药产业为基础的重大创新功能型平台。

在金融业务布局上，金融机构、金融后台中心、服务外包企业、总部机构等部门的产业性金融服务在布局中要遵循产业发展对产业环境和产业集聚效益的需要，建立产业氛围浓郁、产业环境专业、产业政策优惠、产业人才汇集的产业要素集聚区。服务性金融业在布局中要遵循金融业发展与城市空间布局相结合、与其他行业发展需要相结合的原则，并与各市、县、镇的发展充分融合，做到布局均衡度好、渗透度高、特色性强，以充分发挥金融业对产业和区域整体发展的引导、促进和服务功能。

2. 要素集聚是关键

做大做强主导产业，构建潍坊主导产业要素集聚区。产业金融的基础是产业，未来一段时间，潍坊市应该立足产业基础，发挥内部优势、引入外部资源、形成内外融合的要素集聚区，致力于做大做强主导产业。

一方面，致力于内部整合。基于潍坊市装备汽车产业、声光电子产业、软件信息产业、生物医药产业等的产业基础和科技创新能力，坚持自主培育、内生发展思路，形成自我强化的智力支持体系，做大做强现有产业和相关的科技型企业，形成以现有产业链和大型企业为支撑的"中心—外围"要素集聚模式。

另一方面，致力于内外联动。充分认识潍坊市资源约束和短板，坚持外部引入、吸引集聚思路，利用各种机制大力引入省内、省外和海外资源，特别是人才资源、科技资源和产业资源，以大型企业引进和大型项目建设为突破口，建立健全内部发展和外部融合的产业金融和科技金融发展新范式，不断发展、延伸新产业链，逐步形成潍坊产业创新要素集聚区。

3. 产业金融是催化

强化产融结合，构建"产业＋金融"的产业金融体系。建立健全匹配科技创新和产业发展的金融支持链，形成对产业和企业生命周期全覆盖的金融支持体系，形成对产业转型和科技创新的金融催化。融资是手段，不是目标，应该坚持产业发展先行、融资支持为支撑的理念，以合力营造良好的科技创新生态环境为基础，以产业和企业生命周期为指标，尊重科技创新和科技成果产业化规律，建设各具特色的产业创新园区。在此基础上，建立健全科技创新、产业发展和金融支持的综合服务体系，搭建产业金融和科技金融的功能型平台，逐步深化科技创新、产业发展和金融支持的融合，以科技金融和产业金融为突破口，拓展融资新渠道，形成潍坊产融结合新模式。

4. 区域合作是拓展

产业集群不是一个点的概念，具有区域化特征，产业金融发展更是多种主体互动的结果，是一个要素集聚、融合、扩散以及再集聚、再融合、再扩散的动态过程。在此过程中需要注重区域的要素资源整合，特别是山东半岛区域一体化进程中的产业融合、产融结合以及区域合作，逐步深化产业金融区域的合作机制。潍坊产业金融体系建设要把科技、产业、金融在更大区域层面有效结合起来，消除潍坊在资源禀赋层面的短板，通过内外资源整合完善区域合作机制，融合各地优势资源，在潍坊形成山东产业金融要素集聚区和区域产业金融的合作机制。

（二）构建科技金融功能区

1. 建设创新金融集聚示范区

潍坊市可选择高新区作为试点，以高新区作为科技金融功能区的核心载体，大力吸引金融后台中心和服务外包企业入驻园区，积极申请省级服务外包产业园区的称号；建设先进的通信基础设施和信息安全环境，打造包括数据中心、24×7 应急服务中心、公共软件中心在内的公共技术平台和金融财会人才培养基地；配备相应的产业载体和生活配套环境，为发展规模性金融产业提供专业的产业软硬环境。鼓励各类金融机构积极争取产融结合和创新业务在高新区先试先行，为下一步面向全市推广做好准备。

2. 搭建科技金融发展体系

（1）积极开展科技金融结合试点，搭建科技金融发展体系。着力解决科技型中小企业融资难题，加快推动科技成果转化和产业升级，在提供投融资服务的同时，提升优质科技资源治理水平，通过基金市场化运作推动资本招商，提升科技产业层次。加强科技金融体系建设，进一步丰富科技创新创业投融资主体，深化科技金融产品创新。

（2）发挥银行部门的科技创新服务功能。鼓励国有大型银行、股份制银行在潍坊设立科技专营事业部，进一步推动银行业金融机构设立科技支行，鼓励山东省内城市商业银行、农村商业银行以潍坊为基地设立山东中部区域总部，研究单列科技信贷专营事业部和科技支行的信贷奖励与信贷风险补偿政策。

（3）创新银行科技金融服务。推进组合金融服务模式创新，鼓励银行针对科技成果转化和产业化项目与担保、融资租赁、保险、股权投资等机构合作，运用认股权贷款、股权质押贷款、贷款保证保险、信托计划、集合票据、企业债券以及股权投资等融资方式，推出组合融资产品。

（4）以担保机制为抓手，健全银行信贷市场体系。潍坊地区科技创新及相关企业信贷融资最大的约束在于缺乏有效的抵押资产或担保机制，整个信贷市场规模有限、效率较低，为了改变这种状况，应落实国家对融资性担保机构的各项奖励政策，鼓励政策性担保机构扩大科技担保规模，建立健全市场化担保机制。

一是设立政府引导、市场主导的融资性担保公司或专项基金，为科技创新和科技型企业提供有效的融资担保，形成"政府引导＋市场担保＋银行信贷"的融资模式。

二是由政府设立科技企业信用担保基金，协助科技担保公司进行风险管理和知识产权等反担保登记工作，分担科技型企业及市场化担保公司的部分风险。

三是设立科技型企业信用互助担保基金。鼓励科技型企业通过缴纳一定的认缴资金形成互助担保基金，为科技创新和科技型企业的有形资产和知识产权、企业股权和个人信用等无形资产提供一定额度或比例的担保，加上市场化的担保机制，形成"互助担保＋市场担保＋银行信贷"的融资模式，进一步拓宽科技型企业的信贷融资渠道。

（5）以机构建设为抓手，完善资本市场体系和直接融资功能。一是积极筹办齐鲁股权交易中心潍坊分部。为潍坊及周边地区科技创新企业提供综合金融服务，在依法合规、风险可控的前提下，开展业务、产品、运营模式和服务方式创新，鼓励符合挂牌条件的企业积极到潍坊股权交易中心挂牌，并建立工商登记部门与齐鲁股权交易中心的股权登记对接机制，支持股权质押融资，为科技创新企业融资提供新的渠道。

二是争取试点成立区域性小微证券公司，专门服务于区域性股权市场，并通过加强与专业科技园、创新企业孵化器等创新创业平台的合作，为处于初创期的科技创新企业提供专业化服务。

三是设立潍坊资本市场发展促进中心。加强政策配套和市场服务，主动辅导科技创新企业，促进科技创新企业与资本市场融合，推动建立与股权交易中心（四板）、全国中小企业股份转让系统（新三板）、创业板、中小板和主板等其他多层次资本市场的对接机制。

（6）以产品创新为抓手，大力发展保险市场体系。发挥科技保险对科技成果转化与产业化的风险管理功能，创新科技保险产品，重点支持保险机构围绕科技成果转化和产业化开展服务和创新，以服务于成长阶段的科技创新企业。鼓励保险机构开发首台（套）重大技术装备、关键研发设备的财产保险、产品责任保险、产品质量保证保险、专利保险等产品，为科技创新企业、潍坊重点支持发展的重大战略项目提供保险保障服务。对符合条件的首（台）套重大技术装备保险、专利保险、科技型中小企业履约保证保险等，实施补贴、补偿等奖励和风险分担政策。探索开发科技创新企业创业保险产品，运用保险机制支持初创期科技创新企业的发展。推进保险资金与潍坊及山东地区的创业投资引导基金和天使投资引导基金的合作。

3. 拓展科技金融产品体系

（1）科技信贷。支持商业银行加强科技金融专业队伍建设，改善银行内部运作机制和流程，制定专门的科技创新企业信贷政策，在贷款准入标准、信贷审查审批机制、考核激励机制、风险容忍度政策等方面，建立特别的制度安排，加大对科技创新企业的信贷支持力度。

（2）融资租赁。引导融资租赁机构积极为科技创新企业提供融资租赁服务，鼓励实施科技成果转化，鼓励产业化的科技型企业运用融资租赁手段解决研发设备采购与维护、产业化项目生产线建设等方面的融资困难。鼓励融资租赁机构与其他金融机构合作，为科技成果转化和产业化提供组合服务。鼓励融资性担保机构开展融资租赁担保业务，推进开展融资租赁与创业投资相结合、租赁债权与投资股权相结合的"创投 + 租赁"业务。

（3）直接融资。支持科技创新企业发行公司债、企业债、短期融资券、中期票据、中小企业私募债、小微企业增信集合债，灵活运用债务融资工具，推动开展可交换债、并购债券试点，满足科技创新企业多样化融资需求。支持科技创新企业通过资产证券化方式盘活存量资产，拓宽融资渠道。改善知识产权质押和流转体系，积极推进知识产权质押融资和专利许可收益权证券化。鼓励符合条件的科技创新企业通过上海证券交易所、深圳证券交易所、全国中小企业股份转让系统（新三板）、区域性股权市场等多层次资本市场开展直接融资、兼并重组。

（4）组合融资。加大组合金融服务模式创新，鼓励银行针对科技成果转化和产业化项目，与担保、融资租赁、保险、股权投资等机构合作，运用认股权贷款、股权质押贷款、贷款保证保险、信托计划、集合票据、企业债券以及股权投资等融资方式，推出组合融资产品。比如，上海市科技信贷产品的代表工具"履约贷"，即政府、银行、保险或担保公司三方合作，让处于成长期的科技型中小企业以购买贷款履约保险的方式获得银行贷款，不需要提供任何担保或抵质押。"履约贷"实际上就是一种组合融资工具。

（三）加快绿色金融规划与发展步伐

基于全国其他地方政府编制绿色金融发展规划的经验，潍坊市要有效地推动本地区绿色金融的发展，可以从政府评价机制、政策信号、政策手段、金融工具、能力建设等多方面入手。

1. 建立对绿色发展的业绩评价机制

地方政府发展绿色金融的积极性，在很大程度上源自其发展绿色产业、遏制污染产业发展的政策偏好，而这些偏好与地方政府官员的考核机制密切相关。未来，潍坊市政府考核市县级主要官员业绩并决定其晋升时，不应继续以 GDP 作为主要评价指标，而应该重点看当地的就业稳定和环境改善等老百姓最关心的指标。应该研究编制地方自然资源资产负债表，定期公布，作为评价地方政府"环境表现"的指标之一。要坚决贯彻落实 2017 年颁布的《领导干部自然资源资产离任审计规定（试行）》，那些虽然能把 GDP 速度搞得很高，但使自然资源"净资产"不断下降、生态环境不断恶化的地方政府官员不应该得到提拔。

2. 释放发展绿色金融的积极政策信号

2016 年 8 月，七部委联合发布了《关于构建绿色金融体系的指导意见》之后，一些地方政府已经参照指导意见发布了当地的绿色金融实施意见、发展规划等文件。据不完全统计，发布了这类文件的省市和地方政府包括内蒙古自治区、广东省、贵州省、青海省、安徽省、厦门市、大连市、青岛市、咸宁市、安康市等。这类地方性文件的发布，释放了当地政府和相关监管部门对绿色金融的高度重视和协同推进绿色金融发展的积极信号。这些信号看上去有些抽象，但对投资者来说，可以降低未来政策的不确定性，从而提高其投资绿色项目的信心。比如，这些地方性文件中都有未来将通过财政、金融手段降低绿色项目融资成本的承诺，即使这些承诺的落地还需要一段时间，但作为中长期的投资者，他们会考虑到未来融资成本降低的可能性，提升其预期的资本金回报率，从而促进社会资本投资于绿色产业。潍坊市应认真研究相关政策文件，积极借鉴先试先行地区的宝贵经验，尽快制定发布潍坊市有关绿色金融的实施意见及发展规划，释放发展绿色金融的积极政策信号，引导投资者的投资方向，增强绿色项目市场投资者的信心。

3. 将改善环境质量作为地方发展规划的硬性约束指标

建议潍坊市在编制经济发展规划时，将改善环境质量作为硬性的约束条件。目前，包括潍坊市在内的很多地方在编制发展规划时，主要以保证 GDP 增速作为目标，来挑选他们认为的战略产业、重点产业、支柱产业。但是，这些产业中的许多仍然是污染型的，或者没有明显改善环境的效果。本书认为，按环境可持续原则编制的发展规划，首先必须要确定未来（如 5 年、10 年后）大气质量、水质、土壤质量的改善幅度，单位 GDP 能耗、水耗的降幅，以及碳排放总量的降幅。要根据这些要求，明确哪些高污染、高排放的行业不得纳入规划，哪些有明显的节能减排效益的项目应该重点支持，多少百分比的新建筑物必须达到绿色建筑标准等。换句话说，实现改善环境的目标必须成为经济发展规划的起点，而不是在建设了大量污染性项目之后再进行事后"治理"。要做到这一点，当务之急是潍坊市政府以及各级地方政府在编制发展规划时，要杜绝凭感觉、"拍脑袋"的方式，应该有专家帮助量化各类产业和主要项目的环境成本和效益。

4. 用市场化机制来撬动社会资金投入绿色产业

要充分尊重市场机制，让有限的财政资金和公共资源尽可能调动更多的社会资本投入绿色产业。建议潍坊市科学设计出台绿色再贷款、担保、贴息等激励机制，适当地提高一些绿色项目的回报率，以撬动绿色信贷和绿色债券融资。建议潍坊市由政府部门设立绿色基金，政府出一些钱，目的应该是争取撬动几倍、十几倍的社会资本跟投。政府出资的绿色担保机构、绿色发展基金一定要按市场规则运行，不能因为"我出钱，我就派我的官员来管"。历史实践经验证明，派不懂金融的政府官员来管理金融机构和投资基金，会导致严重的浪费乃至金融风险，这类机构也维持不了太久。据相关研究，目前全国已有十多个地方政府采取了释放政策信号、提供便利措施、实施财政激励、予以表彰认可等多种方式支持绿色债券的发行。其中，青海省、内蒙古自治区等地政府及上海陆家嘴、深圳市福田等区政府已经或正在研究推动奖励贴息、补贴绿色债券发行成本的计划。潍坊市应加快步伐，尽快开展与绿色金融发展相关的政策研究和制定工作。

5. 充分利用已有的国内外绿色金融产品创新的成果

绿色金融作为一个主流化的议题，只是最近两年的事情，但许多绿色金融产品都已有比较悠久的历史。比如，赤道原则作为指导绿色信贷的国际准则已有15年的历史，国际上第一支绿色债券是2007年发行的，环境责任保险更可追溯到几十年之前了。在我国，兴业银行在十年前就开展了多种绿色金融业务，绿色信贷、绿色债券、绿色保险、绿色基金、碳金融等主要绿色金融工具都有在国内的运用，只是在地区间和金融机构之间普及程度还不均衡。因此，对潍坊市来说，与其说是推动绿色金融产品创新，不如说是推动绿色金融结合潍坊市实际情况开展创新性的运用。可以积极与入驻潍坊地区的兴业银行开展绿色金融领域的合作，同时积极总结国际上和我国大城市、大型金融机构已经开展的绿色金融业务的优秀案例与成功模式，灵活运用解决潍坊市具体的问题。比如，如何在潍柴等传统制造业领域通过绿色金融产品推动传统产业向绿色产业转型，如何在潍坊市高新区充分利用针对绿色建筑和绿色基础设施的融资模式等，都是潍坊市政府可以利用已有绿色金融创新成果的领域。

6. 健全绿色金融统计和业绩评估制度

随着绿色金融业务深入发展，产品创新不断丰富，健全绿色金融统计制度的必要性日益凸显，而目前许多地方银行的绿色信贷统计仍由人工逐笔完成，数据精确程度和报送效率较低。地方应探索开展全面的绿色金融统计，完善绿色信贷数据和授信企业信息统计，规范绿色信贷的银行内部标识和数据报送流程，健全地区绿色债券、绿色股票、绿色保险、绿色基金等的信息统计和数据公开流程，为绿色金融政策评估、相关机构业务评价和未来政策修订提供数据支持。尽管潍坊市目前还处于绿色金融的探索起步阶段，也应该加强顶层设计，提前科学规划，为将来绿色金融健康快速发展营造良好的制度环境。

7. 提升地方金融机构业务能力，让绿色金融覆盖更多的中小企业

从绿色信贷的投放和绿色金融债券的发行情况来看，目前我国的绿色金融业务主要还集中在大中型金融机构，地方性的金融机构开展绿色金融业务的能力十分有限。而大部分中小企业的金融服务由地方金融机构来提供。因此，中小绿色企业的融资难、融资贵问题还远没有解决。潍坊市也存在前述类似问题，建议潍坊市借助外部专业和大中型金融机构的力量，积极组织开展绿色金融专项培训和交流合作，宣传推广绿色金融的最佳实践、典型案例和有益经验，提高潍坊市政府及金融监管部门工作人员对绿色金融的认识和监管水平，提升潍坊市金融机构开展绿色金融业务创新和风险管理的能力，推动潍坊市企业利用绿色债权及股权融资工具实现环保项目的多元化融资，培育投资者责任投资意识。另外，建议潍坊市金融机构积极参与绿色金融，为中小企业的绿色融资创造条件。潍坊市金融机构可以在开发中小企

业绿色金融集合债、绿色供应链融资债、绿色项目投贷联动、绿色担保基金、绿色保险或其他风险补偿机制等方面创新绿色金融产品，以有效降低中小绿色项目的融资成本并提高融资的便利程度。

8. 地方可成立绿色金融专业委员会，促进业界与监管部门沟通

2015 年 4 月由中国人民银行批准成立的中国金融学会绿色金融专业委员会（绿金委）在建立金融界和绿色产业界与监管部门的沟通机制，推动支持性绿色金融政策的形成和落地，推广绿色金融的理念、产品和工具等方面起到了十分积极的作用。成立两年多以来，绿金委的成员机构已经发展到 170 多家，包括了所有大型银行和积极参与绿色金融的大中型保险、券商、基金，一批研究、咨询和第三方服务机构，以及一批绿色企业。绿金委出版了绿色金融丛书（包括国际、国内绿色金融案例集等），支持了几十项研究课题（包括编制绿色债券目录等），组织和支持了上百场绿色金融研讨活动，所建立的绿色金融微信公众号已成为我国绿色金融专业人士的必读物。建议潍坊市在推动绿色金融发展的过程中，也可以考虑成立潍坊市绿色金融专业委员会，以组织当地金融机构、绿色企业向监管部门献计献策，共同推动潍坊市的绿色金融传播和创新。

第八章 本书的总结、创新与不足

第一节 本书的总结

　　本书在产业经济理论、产融结合理论、产业机构理论、金融发展理论、政府规制理论以及其他企业相关理论的基础上对产业金融、科技金融、绿色金融的三大金融创新理论进行阐述。理论研究的同时对我国当前的宏观大环境进行了深入分析，重点就我国经济体制改革、金融体系改革、供给侧结构性改革和"十三五"规划等最新进展情况进行了系统梳理，深入分析了经济体制改革、金融体系改革、供给侧结构性改革和"十三五"规划对潍坊市转型发展的具体影响。

　　在此基础上，就产融结合的发展历程和主要模式进行了梳理。选取了国内外产融结合发展的典型国家、地区和代表企业作为研究样本，分别就其产业金融、科技金融、绿色金融的发展情况进行了研究、分析和总结。其中，产业金融方面，国外以美国、德国和韩国为例，重点研究了这些代表性国家产业金融发展的模式、经验及启示；国内以海尔、华润和招商局集团为例，对其产业金融发展的历程、政策及经验进行了梳理、分析和总结。科技金融方面，国外以美国、日本和印度为例，分析总结了这些国家发展科技金融的政策、经验以及对我国发展科技金融的启示；国内选取了代表性的中关村示范区、上海张江示范区、武汉东湖示范区、深圳南山示范区、天津滨海新区五大示范区作为研究对象，分别就它们的发展状况、科技金融的产业依托和政策体系等进行了深入研究。绿色金融方面，国外就欧美等发达经济体以及巴西、孟加拉国等发展中国家的绿色金融的实践模式和经验进行了研究，对其绿色金融的发展带给我国的启示进行了总结；国内就我国绿色金融发展的现状进行了梳理，同时也研究指出了我国绿色金融的发展虽有了长足进步，发展的框架体系基本建立，市场参与主体逐渐扩大，产品和服务创新不断深化，但就整体而言，我国绿色金融仍处于发展的初级阶段，存在政府引导机制不健全、市场运作体系不成熟、社会参与程度普遍不高等一系列问题。

在对国内外代表性国家、地区和企业在产业金融、科技金融、绿色金融的研究基础上，结合潍坊市的发展现状和发展产融结合的内在需求，提出了潍坊市产融结合的发展战略，具体战略概括总结如下：

一　大力发展产业金融

（1）产业发展是基础。强化产业和金融结合的发展布局，建立以产为主、以融助产的产融结合模式。

（2）要素聚集是关键。做大做强主导产业，构建潍坊市主导产业要素集聚区。

（3）产业金融是催化。强化产融结合，构建"产业 + 金融"的产业金融体系。

（4）区域合作是拓展。整合区域要素资源，完善区域合作机制，在潍坊市形成产业金融要素集聚区和区域合作新机制。

二　构建科技金融功能区

（1）建设创新金融集聚示范区。以潍坊市高新区作为试点，鼓励各类金融机构将产融结合和创新业务在高新区先试先行，并逐步面向全市推广。

（2）搭建科技金融发展体系。开展科技金融结合试点，发挥银行部门的科技创新服务功能；创新银行科技金融服务，以担保机制为抓手，健全银行信贷市场体系；以机构建设为抓手，完善资本市场体系和直接融资功能；以产品创新为抓手，大力发展保险市场体系。

（3）拓展科技金融产品体系。构建包括科技信贷、融资租赁、直接融资、组合融资等在内的多样化科技金融产品体系。

三 加快绿色金融规划与发展步伐

（1）建立对绿色发展的业绩评价机制。

（2）释放发展绿色金融的积极政策信号。

（3）将改善环境质量作为潍坊市发展规划的硬性约束指标。

（4）用市场化机制来撬动社会资金投入绿色产业。

（5）充分利用已有的国内外绿色金融产品创新的成果。

（6）健全绿色金融统计和业绩评估制度。

（7）提升潍坊金融机构业务能力，让绿色金融覆盖更多中小企业。

第二节 本书的创新与不足

一 本书的创新之处

1. 金融与实体结合点的创新

目前，国内外在产融结合方面的实践很多，关于产融结合对传统金融格局影响的讨论也较多，并存在多种观点。但在产融结合对实体经济的影响以及实体经济如何运用产业金融促进业务创新发展方面则缺乏深入细致的研究，缺少比较成熟、可供借鉴的研究成果。本书以产业金融、科技金融和绿色金融作为金融与实体的结合点，对于研究是一个重要创新点。

2. 产融结合模式的创新

产融结合是国内外金融体系的一个重要内容，也是当前金融研究领域的重点。但是，当前对于产融结合具体方式的研究较少，以产融结合为主题、以产融结合具体方式为支撑的区域经济产融结合发展规划也不多。如何以潍坊市的现实为基础、以产业发展为出发点、以产融结合为切入点，构建潍坊市产融结合新模式，不管对于潍坊市，还是对我国地方经济金融改革等都具有示范作用。

二 本书的不足

由于时间仓促、专业知识水平有限以及缺乏必要的研究经费，本研究过程中，对潍坊市优势产业链中的代表性企业实地考察走访有限，缺乏足够的调研数据支撑本研究的深入开展。另外，所调研的企业大多集中在潍坊市区，对潍坊下设县级市（县）行政区域内的企业缺乏实地调研，导致本研究的覆盖范围不够广，可能会对研究结果的全面性、普适性造成一定的影响。后续对该课题有待进一步的深入研究。

参考文献

[1] Alessandra C. , Stoneman P. , "Financial Constraints to Innovation in The UK: Evidence from CIS2 and CIS3", *Oxford Economics Papers*, Vol. 60, No. 1, 2008, pp. 710 – 730.

[2] Ana Maria Herrera, Raoul Minetti, "Informed Finance and Techno-logical Change: Evidence from Credit Relationships", *Journal of Financial Economics*, Vol. 83, No. 1, 2007, pp. 223 – 269.

[3] C. K. Prahalad, Gary Hamel, "The Core Competence of the Corpora-tion", *Harvard Business Review*, No. 6, 1990, p. 81.

[4] Casamatta C. , "Financing and Advising: Optimal Financial Contracts with Venture Capitalists", *Journal of Finance*, Vol. 58, No. 5, 2003, pp. 2059 – 2086.

[5] Caterina Giannetti, "Relationship Lending and Firm Innovativeness", *Journal of Empirical Finance*, Vol. 19, No. 5, 2012, pp. 762 – 781.

[6] Christos Pantzalis, Jung Chul Park and Ninon Sutton, "Corporation and Valuation of Multinational Corporations", *Journal of Empirical Finance*, No. 15, 2008, pp. 387 – 417.

[7] Colin Mayer, "Financing the New Economy: Financial Institutions and Corporate Governance", *Information Economics and Policy*, Vol. 14, No. 2, 2002, pp. 311 – 326.

[8] Cuming D. , Johan S. , "Pre – seed Government Venture Capital Funds", *Journal of International Entrepreneurship*, Vol. 7, No. 1, 2012, pp. 26 – 56.

[9] Demirguc – Kunt, Love, Maksimovic, "Business Environment and the Incorporation Decision", *Journal of Banking & Finance*, Vol. 30, No. 11, 2006, pp. 2967 – 2993.

[10] Doohuan KIM, "A Study on Appropriate Separation Between Finance and Industry in Korea", *Korea Institute of Finance*, Vol. 4, No. 2, 2006, pp. 13 – 21.

[11] H. I. Ansoff, *Corporate Strategy Revised Edition*, Penguin Books, 1987.

[12] Haug, Alfred, "Tests for Cointegration: A Montecarlo Comparision", *Journal of Econometrics*, No. 71, 1996, pp. 89 – 115.

[13] Herrera M., Minetti R., "Informed Finance and Technological Change: Evidence from Credit Relationships", *Journal of Financial Economics*, Vol. 83, No. 1, 2007, pp. 223 – 269.

[14] Hong H., Rady S., "Strategic Trading and Learning about Liquidity", *Journal of Financial Markets*, No. 5, 2002, pp. 419 – 450.

[15] J. B. Barney, "Firm Resources and Sustained Competitive Advantage", *Journal of Management*, No. 17, 1991, pp. 99 – 120.

[16] Jeong H., Townsend R., "Sources of TFP Growth: Occupational Choice and Financial Deepening", *Economy Theory*, Vol. 32, No. 1, 2007, pp. 179 – 221.

[17] Kevin J. Stiroh, Adrienne Rumble, "The Dark Side of Diversification – The Case of US Financial Holding Companies", *Journal of Banking & Finance*, No. 30, 2006, pp. 2131 – 2161.

[18] Kortum S., Lerner J., "Assessing The Contribution of Venture Capital to Innovation", *Journal of Economics*, Vol. 31, No. 4, 2000, pp. 674 – 692.

[19] Krippner G. R., "The Financialization of The American Economy", *Socio – Economic Review*, Vol. 3, No. 2, 2005, pp. 173 – 208.

[20] Lane, Philip R., "Financial Globalisation and The Crisis", *Open Economies Review*, Vol. 24, No. 3, 2013, pp. 555 – 580.

[21] Leleux, Surlemon B. , "Public Versus Private Venture Capital: Seeding or Crowding Out", *Journal of Business Venturing*, Vol. 18, No. 1, 2007, pp. 81 – 104.

[22] Leora Klapper, Luc Laeven and Raghuram Rajan, "Trade Credit Contracts", *Review of Financial Studies*, *Society for Financial Studies*, No. 25, 2012, pp. 838 – 867.

[23] Lerner J. , "When Bureaucrats Meet Entrepreneurs: the Design of Effective Public Venture Capital' Programmes", *The Economic Journal*, Vol. 112, No. 12, 2010, pp. 73 – 84.

[24] Li Stan Xiao, Greenwood R. , "The Effect of Within – Industry Diversification on Firm Performance: Synergy Creation, Multi – Market Contact and Market Structure", *Strategic Management Journal*, Vol. 25, No. 12, 2004, pp. 1131 – 1153.

[25] Michael Peneder, "The Problem of Private Under – investment in Innovation: A Policy Mind Map", *Technovation*, Vol. 28, No. 8, 2008, pp. 518 – 530.

[26] Michael Porter, *The Competitive Advantage of Nations*, New York: Free Press, 1990.

[27] Saint – Paul, "Technological Choice, Financial Markets and Economic Development", *European Economic Review*, No. 36, 1992, pp. 763 – 781.

[28] Schertles A. , "Knowledge Capital and Venture Capital Investments: New Evidence from European Panel Data", *German Economic Review*, Vol. 8, No. 1, 2007, pp. 64 – 88.

[29] Schinckus C. , "The Financial Simulacrum: The Consequences of The Symbolization and The Computerization of The Financial Market", *Journal of Socio – Economics*, Vol. 37, No. 3, 2008, pp. 1076 – 1089.

[30] Soontai Zang, "Research on Method of Capital Funding and System of Financial Support of Foundation of Business and Venture Firm",

KERIS, Vol. 4, No. 2, 2016, pp. 42 – 45.

[31] Steven Ongena, Maria Fabianna Penas, "Bondholders' Wealth Effects in Domestic and Cross – border Bank Mergers", *Journal of Financial Stability*, No. 5, 2009, pp. 256 – 271.

[32] Stulz R., Williamson R., "Culture, Openness and Finance", *Journal of Financial Economics*, Vol. 70, No. 3, 2003, pp. 313 – 350.

[33] Sunil Mani, "Institutional Support for Investment in Domestic Technologies: An Analysis of The Role of Government in India", *Technological Forecasting and Social Change*, Vol. 71, No. 8, 2004, pp. 855 – 863.

[34] Tadesse S., "Innovation, Information and Financial Architecture", *Journal of Financial & Quantitative Analysis*, Vol. 41, No. 4, 2006, pp. 753 – 786.

[35] Tand M. C., Chyi Y. L., "Legal Environments, Venture Capital and The Total Factor Productivity Growth of Taiwanese Industry", *Contemporary Economic Policy*, Vol. 26, No. 3, 2008, pp. 468 – 481.

[36] Yinsoo Kim, "Effect Analysis of Industrial Credit Policy for Economic Growth in Korea", *Korea Industry Economy Research*, Vol. 5, No. 3, 2013, pp. 33 – 37.

[37] 김인수, "한국의산업금융정책이경제성장에미친", 산업경제연구, Vol. 18, No. 2, 2005, pp. 1 – 23.

[38] 정형권, 김현욱, "중소기업정책금융의효율화방안에관한연구", 한국경제의분석, Vol. 15, No. 2, 2009, pp. 45 – 103.

[39] 홍장표, 김종호, "중소기업 금융지원의 효과분석: 대·중소기업간거래네트워크의 영향을 중심으로", 한국경제의분석, Vol. 21, No. 3, 2015, pp. 185 – 240.

[40] 艾轶伦:《中央直属产业集团产融结合的原因与发展路径》,《经济视角》2016 年第 5 期。

［41］巴曙松：《中国高新技术产业发展中的金融支持》，《城市金融论坛》2000 年第 1 期。

［42］保罗·拉法格：《美国托拉斯经济及其经济、社会和政治意义》，载《拉法格文选》，人民出版社 1985 年版。

［43］曹洪香：《日本企业集团产融结合的实践及启示探讨》，《企业导报》2012 年第 4 期。

［44］曹华强：《我国金融控股公司的发展现状与趋势研究》，《南方金融》2010 年第 3 期。

［45］曹明弟：《绿色金融在中国：现状与展望》，《金融经济》2016 年第 11 期。

［46］陈洁：《基于国际经验的中国绿色债券问题研究》，硕士学位论文，兰州大学，2016 年。

［47］陈启清：《正确理解和适应新常态》，《中国国情国力》2014 年第 10 期。

［48］程静、李敏：《从海尔和德隆透视中国"产融结合"》，《商场现代化》2006 年第 1 期。

［49］储俊、裴玉：《我国中小企业产融结合的可行性及模式选择》，《技术经济与管理研究》2014 年第 7 期。

［50］崔兵：《科技银行的"中国模式"：基于科技支行与科技小额贷款公司的比较》，《上海金融》2013 年第 1 期。

［51］崔红茶：《我国产融结合模式探析》，《时代金融》2016 年第 14 期。

［52］崔瑛、齐兰：《推进科技金融工作需要重视金融监管理论及其实践》，《中国科技论坛》2010 年第 6 期。

［53］戴群中：《德国全能银行制度及其对我国的启示》，《税务与经济》2007 年第 2 期。

［54］邓乐平、孙从海：《科技创新与资本市场——理论与经验的考察》，《金融研究》2001 年第 9 期。

［55］邓亚：《产融结合背景下高新技术产业金融支持问题研究》，硕士学位论文，天津商业大学，2016 年。

[56] 丁迪：《海尔集团产融结合模式研究》，硕士学位论文，电子科技大学，2016 年。

[57] 董昕：《绿色金融：现存问题及体系构建》，《当代经济管理》2015 年第 9 期。

[58] 杜国功、高文燕：《中央企业产融结合及金融资产监管体系构建》，《国有资产管理》2012 年第 12 期。

[59] 杜莉、张鑫：《绿色金融、社会责任与国有商业银行的行为选择》，《吉林大学社会科学学报》2012 年第 5 期。

[60] 段光沛：《商业银行绿色金融业务发展研究——以兴业银行为例》，硕士学位论文，深圳大学，2017 年。

[61] 段铷：《促进科技型中小企业发展的科技金融政策研究》，《中国社会科学》2014 年第 4 期。

[62] 房汉廷：《科技与金融的结合》，《中国科技论坛》2010 年第 12 期。

[63] 冯小芬：《产业资本向金融资本渗透的机理和条件分析》，《经济师》2009 年第 9 期。

[64] 付剑峰、邓天佐：《科技金融服务机构支持科技型中小企业融资发展的案例研究》，《中国科技论坛》2014 年第 3 期。

[65] 付新强：《我国商业银行绿色信贷发展的对策研究》，硕士学位论文，首都经济贸易大学，2015 年。

[66] 傅艳：《产融结合简析》，《中南财经政法大学学报》2004 年第 1 期。

[67] 傅艳：《产融结合之路走向何方——中国产业与金融结合的有效性研究》，人民出版社 2003 年版。

[68] 傅哲祥：《走出"产融结合"的误区》，《前沿》2013 年第 7 期。

[69] 高兰根、王晓中：《中国金融制度演进的逻辑与困境》，《金融研究》2006 年第 6 期。

[70] 郜一帆：《我国企业集团产融结合模式研究》，硕士学位论文，中国石油大学，2014 年。

［71］谷清水、何诚颖：《西方产融结合和我国融资结构创新》，《中国经济问题》2002 年第 3 期。

［72］顾荣、陈德付：《民营企业产融结合动因及风险分析》，《经济论坛》2005 年第 20 期。

［73］郭逸：《江苏科技金融与科技创新耦合的实证研究》，硕士学位论文，南京理工大学，2016 年。

［74］国丽娜、焦艳玲：《银行与技术创新的关系研究综述及展望》，《科学管理研究》2014 年第 1 期。

［75］《国外如何发展绿色金融》，http：//www. cfen. com. cn/dzb/dzb/page_ 6/201707/t20170703_ 2636360. html，2017 年 7 月 3 日。

［76］国务院发展研究中心"绿化中国金融体系"课题组：《发展中国绿色金融的逻辑与框架》，《金融论坛》2016 年第 2 期。

［77］韩廷春：《金融发展与经济增长理论》，清华大学出版社 2011 年版。

［78］韩霞、周莉：《产融结合资本配置效应的理论分析》，《中央财经大学学报》2010 年第 2 期。

［79］何德旭、张雪兰：《对我国商业银行推行绿色信贷若干问题的思考》，《上海金融》2007 年第 8 期。

［80］洪银兴：《科技金融及其培育》，《经济学家》2011 年第 6 期。

［81］胡鞍钢、周绍杰：《绿色发展：功能界定、机制分析与发展战略》，《中国人口·资源与环境》2014 年第 1 期。

［82］胡志浩：《科技型企业发展的金融支持问题》，《科学管理研究》2008 年第 26 期。

［83］黄国平、孔欣欣：《金融促进科技创新政策和制度分析》，《中国软科学》2009 年第 2 期。

［84］黄建欢、吕海龙、王良健：《金融发展影响区域绿色发展的机理——基于生态效率和空间计量的研究》，《地理研究》2014 年第 3 期。

［85］黄明：《产融结合模式的国际比较与制度分析》，《学习与探索》1999 年第 2 期。

[86] 黄明：《现代产融结合新论：中国协调银企改革的模式选择》，中国经济出版社 2000 年版。

[87] 黄文华：《科技与金融结合的效益评价》，北京理工大学出版社 2006 年版。

[88] 姬喆：《绿色金融对区域经济生态化发展的影响及对策研究》，硕士学位论文，聊城大学，2017 年。

[89] 纪敏、刘宏：《关于产业金融的初步研究——兼论我国财务公司改革的一种思路》，《金融研究》2000 年第 8 期。

[90] 《坚持绿色发展 加快建设美丽潍坊》，http：//www. wfcmw. cn/weifang/headline/2017 - 04 - 07/269948. html，2017 年 4 月 7 日。

[91] 蒋先玲、张庆波：《发达国家绿色金融理论与实践综述》，《中国人口·资源与环境》2017 年第 1 期。

[92] 李冲、曲艺：《美日德产融结合模式比较分析及对中国的启示》，《南京社会科学》2012 年第 5 期。

[93] 李娜：《山东省科技金融支持高技术产业发展研究》，硕士学位论文，山东财经大学，2016 年。

[94] 李善民、陈勋：《科技金融结合的国际模式及其对中国启示》，《中国市场》2015 年第 5 期。

[95] 李维安、马超：《“实业 + 金融”的产融结合模式与企业投资效率——基于中国上市公司控股金融机构的研究》，《金融研究》2014 年第 11 期。

[96] 李晓鹏：《全面深化产融结合》，《中国金融》2016 年第 2 期。

[97] 李扬、王国刚、王军、房汉廷：《产融结合：发达国家的历史和对我国的启示》，《财贸经济》1997 年第 9 期。

[98] 李扬、王国刚：《中国金融发展报告》，社会科学文献出版社 2014 年版。

[99] 李轶：《科技金融创新业务模式研究——以中新力合为例》，硕士学位论文，浙江大学，2017 年。

[100] 林伟光：《我国科技金融发展研究——理论基点及体系构建》，

博士学位论文，暨南大学，2014 年。

[101] 林毅夫、孙希芳：《信息、非正规金融与中小企业融资》，《经济研究》2005 年第 7 期。

[102] 林毅夫：《尽快建立以中小企业为主的金融体系》，《金融信息参考》1999 年第 8 期。

[103] 刘传岩：《中国绿色信贷发展问题探究》，《税务与经济》2012 年第 1 期。

[104] 刘建波、张瑞业、吕贵兴：《潍坊市新常态下发展方式转型研究》，《潍坊学院学报》2016 年第 1 期。

[105] 《刘曙光在潍坊（北京）重点合作项目集中洽谈签约仪式上的致辞》，https：//mp. weixin. qq. com/s/SvxlhGE5AelEdKT8mx－zgA，2017 年 11 月 29 日。

[106] 刘玮：《论我国商业银行绿色金融发展策略研究》，硕士学位论文，江西财经大学，2016 年。

[107] 刘友平：《美日德韩国家科技资源配置模式比较及其借鉴意义》，《经济科学》2005 年第 5 期。

[108] 刘志彪：《科技银行功能构建》，《南京社会科学》2013 年第 4 期。

[109] 龙小燕、贾康：《金融机构与政府合作型科技金融服务模式研究》，《经济研究参考》2015 年第 7 期。

[110] 鲁道夫·希法亭：《金融资本》，商务印书馆 1994 年版。

[111] 陆丹婷：《杭州市区域科技金融体系建设研究》，硕士学位论文，浙江省委党校，2015 年。

[112] 罗军：《中国现代产融耦合研究》，西南财经大学出版社 2005 年版。

[113] 罗群辉、宁宣熙：《企业并购整合中的协同效应研究》，《世界经济与政治论坛》2008 年第 5 期。

[114] 罗斯托：《经济成长阶段》，商务印书馆 1962 年版。

[115] 吕光明、吕珊珊：《我国技术创新金融支持的模式分析与政策选择》，《金融研究》2011 年第 12 期。

［116］马骏、李治国：《PM2.5 减排的经济政策》，中国经济出版社2015 年版。

［117］马骏：《完善环境信息披露制度》，《中国金融》2016 年第6 期。

［118］马骏：《用金融工具缓解绿色企业融资难》，《中国金融》2015 年第 10 期。

［119］《马骏：地方发展绿色金融大有可为》，http：//www. sohu. com/a/154834024_ 481741，2017 年 7 月 6 日。

［120］马克思：《资本论》，三联书店 2011 年版。

［121］马英俊：《产业金融理论与对策研究》，博士学位论文，上海社会科学院，2007 年。

［122］麦均洪、徐枫：《基于联合分析的我国绿色金融影响因素研究》，《宏观经济研究》2015 年第 5 期。

［123］孟庆轩：《从产融结合到产融双驱：企业的资本化扩张模式》，《国际经贸探索》2011 年第 1 期。

［124］潘月勇：《科技金融支持山东中小企业发展研究》，硕士学位论文，山东财经大学，2016 年。

［125］彭绍钧、胡敬新：《以政府为主导的韩国财团演变路径研究》，《现代管理科学》2005 年第 7 期。

［126］秦基财：《中国产业金融的发展思路及对策研究》，硕士学位论文，辽宁大学，2014 年。

［127］青木昌彦：《政府在东亚经济发展中的作用》，中国经济出版社 1998 年版。

［128］瞿亢、赵威：《绿色金融发展与中国策略》，《银行家》2016 年第 1 期。

［129］饶彩霞：《我国科技金融政策的分析与体系构建》，《科技管理研究》2013 年第 20 期。

［130］戎晓畅、马志尧：《我国中小企业产融结合的发展模式与建议》，《银行家》2016 年第 2 期。

［131］邵传林、王丽萍：《创新驱动视域下科技金融发展的路径研

究》，《经济纵横》2016 年第 11 期。

[132] 沈满洪：《生态经济学的定义、范畴与规律》，《生态经济》2009 年第 1 期。

[133] 史恩义：《风险资本发展与高技术产业成长》，《财经问题研究》2014 年第 5 期。

[134] 宋慧：《山东省科技金融的效率评价及其影响因素分析》，硕士学位论文，山东财经大学，2016 年。

[135] 宋晓玲：《西方银行业绿色金融实践对中国的启示》，《经济研究参考》2013 年第 24 期。

[136] 孙晋：《产融结合的金融监管与反垄断规制研究》，人民出版社 2010 年版。

[137] 孙景同、张庆亮：《我国产融结合有效性的企业绩效分析》，《中国工业经济》2007 年第 7 期。

[138] 孙伟伟：《地方政府推动科技金融发展的作用研究》，硕士学位论文，山东财经大学，2016 年。

[139] 孙宇：《绿色信贷在雾霾治理中的应用研究》，硕士学位论文，对外经济贸易大学，2016 年。

[140] 谭太平：《国内外银行业绿色金融实践的比较研究》，《生态经济》2010 年第 6 期。

[141] 田慧芳：《绿色金融发展中的政府行为——基于欧美国家的经验分析》，《国际经济合作》2016 年第 11 期。

[142] 田琳：《德国银行的监管机制》，《现代商业银行》2003 年第 3 期。

[143] 屠行程：《绿色金融视角下的绿色信贷发展研究》，硕士学位论文，浙江工业大学，2014 年。

[144] 万良勇、饶静、万良涛：《关于我国企业集团产融结合的若干思考》，《金融与经济》2005 年第 10 期。

[145] 汪泉：《科技金融创新的制度取向与实践模式》，《中国软科学》2013 年第 4 期。

[146] 王波：《关于潍坊打造"产业强市"的思考》，《潍坊学院学

报》2017 年第 3 期。

[147] 王波：《新常态下促进产融结合健康发展的对策建议——以潍坊市为例》，《潍坊学院学报》2018 年第 1 期。

[148] 王辰华：《我国产融结合的经济效应分析》，《金融理论与实践》2004 年第 8 期。

[149] 王广宇：《供给侧改革中的产融结合》，《中国金融》2017 年第 1 期。

[150] 王鹤立：《我国金融业混业经营前景研究》，《金融研究》2008 年第 9 期。

[151] 王宏起、徐玉莲：《科技创新与科技金融协同度模型及其应用研究》，《中国软科学》2012 年第 6 期。

[152] 王吉鹏：《产融模式》，经济管理出版社 2012 年版。

[153] 王健：《日本企业集团的形成与发展》，中国社会科学出版社 2001 年版。

[154] 王克馨、李宏：《国内产融结合的发展历程与风险治理》，《地方财政研究》2015 年第 5 期。

[155] 王克馨：《中国产融结合发展模式与路径选择研究》，博士学位论文，东北财经大学，2015 年。

[156] 王琳磷：《大型企业集团产融结合战略的发展趋势及建议》，《商业经济》2012 年第 3 期。

[157] 王美英：《产融结合的约束因素及制度建设分析》，《现代管理科学》2010 年第 10 期。

[158] 王少立：《发达国家产融结合模式变迁及启示》，《商业时代》2008 年第 27 期。

[159] 王帅、姚德权：《产融结合型上市公司运营效率评价研究》，《财经问题研究》2011 年第 5 期。

[160] 王松华、胡敬新：《我国产融结合的发展现状及实证分析》，《金融理论与实践》2007 年第 5 期。

[161] 王松奇、李扬、王国刚：《中国创业投资体系研究》，《金融研究》2013 年第 9 期。

［162］王文烈：《产融结合模式的国际比较》，《浙江金融》2001 年第 10 期。

［163］王晓天：《对中国产融结合问题的探讨》，《求是学刊》2001 年第 9 期。

［164］王新宇：《我国企业集团产融结合研究》，《投资研究》2011 年第 4 期。

［165］王兴於：《企业集团需要产融结合》，《金融经济》2002 年第 2 期。

［166］王遥、张笑：《生态文明视域下的生态金融建设》，《中国特色社会主义研究》2015 年第 2 期。

［167］王一非：《产融结合对产业结构调整的影响研究》，硕士学位论文，西北大学，2016 年。

［168］王勇、冯立：《多案例背景下的区域性科技金融平台运作研究》，《科学管理研究》2016 年第 8 期。

［169］王宇伟、范从来：《科技金融的实现方式选择》，《管理科学》2012 年第 10 期。

［170］温馨：《华润集团产融结合的研究》，硕士学位论文，北京交通大学，2016 年。

［171］闻岳春：《韩国中小企业金融支持体系及对中国的借鉴》，《上海金融》2005 年第 8 期。

［172］吴大琨：《金融资本论》，人民出版社 1993 年版。

［173］吴德礼、徐仕政：《产业资本与金融资本融合模式的制度分析与启示》，《南方金融》2012 年第 4 期。

［174］吴晓灵：《金融综合经营趋势——中国金融控股公司模式选择》，《科学决策》2004 年第 9 期。

［175］吴越、赵守国：《产融结合相关问题研究综述》，《经济研究导刊》2009 年第 29 期。

［176］伍华林：《企业产业资本与金融资本结合的条件分析》，《商业时代》2007 年第 35 期。

［177］谢杭生：《产融结合研究》，中国金融出版社 2000 年版。

[178] 熊学萍：《传统金融向绿色金融转变的若干思考》，《生态经济》2004 年第 11 期。

[179] 徐丹丹：《国有商业银行产融结合的路径选择》，《经济理论与经济管理》2006 年第 4 期。

[180] 徐焕章、魏娟娟：《国际产融结合模式的比较分析》，《财会研究》2007 年第 1 期。

[181] 徐业敏：《商业银行科技金融业务发展研究》，硕士学位论文，安徽大学，2017 年。

[182] 徐义国：《科技金融对条件财务模式的理念革新和实践跨越》，《科研管理》2011 年第 5 期。

[183] 徐玉莲：《区域科技创新与科技金融协同发展模式与机制研究》，博士学位论文，哈尔滨理工大学，2012 年。

[184] 徐泽栋：《科技金融引导下的高新技术产业园区发展研究》，硕士学位论文，沈阳工业大学，2015 年。

[185] 许信天、沈小波：《产融结合的原因方式及效应》，《厦门大学学报》2003 年第 5 期。

[186] 闫玲玲：《我国商业银行发展绿色金融业务研究》，硕士学位论文，吉林大学，2015 年。

[187] 杨莲娜、张庆亮：《产融型企业集团》，中国金融出版社 2005 年版。

[188] 杨艳林等：《开放条件下中国金融与产业发展研究》，人民出版社 2012 年版。

[189] 杨勇：《广东科技金融发展模式初探》，《科技管理研究》2011 年第 10 期。

[190] 游达明：《科技金融对技术创新的影响及对策建议》，《中国管理科学》2013 年第 24 期。

[191] 于潇：《日本主银行制度演变的路径分析》，《现代日本经济》2003 年第 6 期。

[192] 余海丰：《我国金融控股集团的发展现状、特点与政策建议》，《中国金融》2006 年第 24 期。

[193] 余剑:《金融效率与中国产业发展问题研究》,经济管理出版社2012年版。

[194] 余璐:《从企业发展历程看产融结合》,《财经界》2015年第18期。

[195] 余鹏翼:《产融结合的制度变迁与制度安排》,《经济学动态》2002年第6期。

[196] 俞立平:《省际金融与科技创新互动关系的实证研究》,《科学学与科学技术管理》2013年第4期。

[197] 约翰·希克斯:《经济史理论》,商务印书馆1987年版。

[198] 约瑟夫·熊彼特:《经济发展理论》,商务印书馆1997年版。

[199] 臧玉荣:《国有资本产融结合研究》,博士学位论文,中共中央党校,2015年。

[200] 张捷:《东亚产业金融体制的结构、功能与局限性》,《当代亚太》2000年第8期。

[201] 张捷:《结构转换期的中小企业金融研究——理论、实证与国际比较》,经济科学出版社2003年版。

[202] 张明坤:《论产融集团的发展与监管》,《上海金融》2010年第2期。

[203] 张明喜:《示范区科技金融试点政策跟踪研究》,《中央财经大学学报》2013年第6期。

[204] 张奇英:《西方发达国家产融结合的发展趋势》,《财经理论与实践》1995年第2期。

[205] 张晓丹、曹阳:《产融结合的动因及启示》,《财务与会计》2013年第4期。

[206] 张兴旺、陈希敏:《科技金融创新融合问题研究》,《科学管理研究》2017年第2期。

[207] 张育明:《论科技与金融结合》,《金融研究》2011年第5期。

[208] 张志强:《中国商业银行绿色信贷发展研究》,硕士学位论文,山东大学,2017年。

[209] 张志文:《金融发展与经济增长关系的国际经验研究》,中国

金融出版社 2008 年版。

[210] 章丽：《基于产融结合的企业集团财务公司的研究》，《经济研究导刊》2011 年第 31 期。

[211] 赵昌文：《科技金融》，科学出版社 2009 年版。

[212] 赵文广：《企业集团产融结合——理论与实践》，经济管理出版社 2004 年版。

[213] 赵远：《产业金融学》，机械工业出版社 2012 年版。

[214] 赵稚薇：《科技金融对技术创新的作用效率研究》，《金融经济》2012 年第 10 期。

[215] 郑文平、苟文均：《中国产融结合机制研究》，《经济研究》2000 年第 3 期。

[216] 郑扬扬：《我国发展碳金融的路径选择》，《金融理论与实践》2012 年第 6 期。

[217] 周昌发：《科技金融发展的保障机制》，《中国工业经济》2013 年第 3 期。

[218] 周莉：《我国产融结合模式选择的研究》，《北京工商大学学报》（社会科学版）2006 年第 21 期。

[219] 朱桂菊：《科技与金融创新互动关系的实证研究》，《经济与管理科学》2013 年第 4 期。

[220] 朱鸿鸣、赵昌文、付剑峰：《科技银行中国化与科技银行范式——兼论如何发展中国的科技银行》，《科学管理研究》2012 年第 6 期。

[221] 朱欢：《我国金融发展对企业技术创新作用效果的实证分析》，《科学管理研究》2010 年第 14 期。

[222] 朱明：《基于产融结合的中央企业金融产业发展战略研究》，博士学位论文，对外经济贸易大学，2015 年。

后　记

　　时光如水，岁月如梭。不知不觉中，博士毕业彻底告别学生时代已有近两年半时间，来潍坊学院任教至今也有一年半载，虽然自己身上没有了学生的标签，实现了由学生到教书匠角色的转变，但每每看到校园里充满活力和朝气的青年学生，仍感到自己虽然年龄渐长，但心态依旧年轻，瞬间涌上心头的幸福感难以言表。每当傍晚走在校园里，看到图书馆和教学楼里灯火通明，莘莘学子正在为前程和未来奋斗的面孔，都会让我深受感染，也禁不住回想起自己当初挑灯夜战、埋头苦撰博士论文的日子，心中满生感慨。

　　博士毕业后搁笔一年多没有写过东西，再次提笔略感生疏。因此本书的写作也被搁置了很长一段时间。自去年下半年起，在中国社会科学院金融研究所郑联盛博士的督促和带动下，我重新启动了科研工作，从完成回国后的第一篇学术论文至今，算来也已发表了几篇核心期刊论文，试水了一部自己并不太满意的专著，算是有了一点点积累。在前期研究成果的基础上，我开始了本书的写作。由于自己除去正常的教课外，还兼职经济管理学院的科研管理工作，可以自由支配的时间甚少，使本书的写作迫不得已占用了大量公休日以及下班后的休息时间。尽管创作中有时候会筋疲力尽、心生倦意，好在承蒙大家的关心和支持，过程比较顺利。

　　本书写作中，中国社会科学出版社刘晓红老师给予了全程的指导和辛勤的付出，在此表达谢意。写作的过程需要心无旁骛、全身心投入，耗费大量的时间和精力，因此这段时间对家庭难免有所亏欠，在此也对家人的理解和支持表示感谢。此外，本书写作过程中，挚友张媛媛帮忙查资料调格式，做了大量工作；社会科学院金融所郑联盛博士给予了前期指导和莫大的帮助，在此也一并深表谢意。

尽管全力以赴，但由于本人专业能力有限，设计论证考虑不周，本书存在一些缺陷和遗憾，希望各位读者和同行多多批评指正。本人希望在以后的研究中能够对不足之处进行弥补和改进，为学术领域尽微薄之力，为潍坊的发展做一点小小的贡献。

王　波

2017 年 12 月